QINGKOU
JIAOYU
ZHI MEN

轻叩教育之门
——我做教师三十年

袁英 著

吉林人民出版社

图书在版编目（CIP）数据

轻叩教育之门：我做教师三十年 / 袁英著. -- 长春：吉林人民出版社，2019.7
ISBN 978-7-206-16395-1

Ⅰ.①轻… Ⅱ.①袁… Ⅲ.①中学语文课—教学研究—初中—文集 Ⅳ.①G633.302-53

中国版本图书馆CIP数据核字(2019)第214438号

轻叩教育之门——我做教师三十年

著　　者：袁　英
责任编辑：卢俊宁　　　　　　　封面设计：百悦兰棠
吉林人民出版社出版发行（长春市人民大街7548号　邮政编码：130022）
印　　刷：长春市华远印务有限公司
开　　本：787mm×1092mm　　1/16
印　　张：11.25　　　　　　　字　　数：200千字
标准书号：ISBN 978-7-206-16395-1
版　　次：2020年1月第1版　　印　　次：2020年1月第1次印刷
定　　价：45.00元

如发现印装质量问题，影响阅读，请与出版社联系调换。

目录 Contents

▼ 落红有情——授业篇 / 01

在语文教学中培养学生的艺术思维 / 03

关于中学语文教学中学生主体参与的有效性 / 08

中学学生表达能力的培养 / 13

情感在学生写作中的作用 / 18

初中语文教学中的作文教学 / 21

浅谈情感教育在语文教学中的作用 / 25

《记承天寺夜游》第二课时教案 / 28

《词五首》说课教案 / 33

浅谈教材和写作的关系 / 43

评出好学生 / 46

在综合性学习课中培养学生语文能力 / 49

综合性学习课：话说千古风流人物 / 53

《话说千古风流人物》活动课反思 / 55

写作兴趣的激发，可有效提高写作水平 / 58

考前作文指导一二 / 62

风过群山花满天 / 67

▼润物有声——育德篇 / 71

钟情教育事业，笃行不倦 / 73

血脉中的家教国风 / 79

用爱心浇灌学生 / 86

加强中小学传统文化、革命文化教育，培养文化自信 / 89

树教师新形象 / 99

今天，我们如何做教师 / 102

如何组织好主题班会 / 105

诵优美唐诗，爱伟大中国 / 109

《唐诗里的中国》主题班会详案 / 113

总有一种真情让我感动 / 124

重视中学生心理健康教育，培养学生健全人格 / 129

▼岁月有痕——随笔篇 / 135

牵挂——写给远方的孩子 / 137

女儿，我愿你轻轻地走向完美 / 140

享三月春光　做最美女人 / 144

九中礼赞 / 146

仰望母亲 / 152

中华神韵 / 156

我爱我家 / 161

2015年教师节献词 / 164

做远行人，去看最美的风 / 168

春天，把梦铺在你脚下 / 171

落红有情——授业篇

语文课的意义不仅仅是教给学生某种知识与技能,更重要的是通过一篇篇凝聚着作家灵感、激情和思想的文字,潜移默化地影响一个人的情感、情趣和情操,影响一个人对世界的感受、思考及表达,并最终沉淀为其精神世界里最基本、最深层的东西——人生观和价值观。

在语文教学中培养学生的艺术思维

现实生活中,人们在不倦地追求着现实美的同时,也强烈地追求着艺术美。这是因为艺术美集中显示着美的特征,具有现实美无法替代的特殊的审美价值。要进行艺术美的创造,就必须具有艺术思维,而艺术思维是一种特殊的思维形式。

首先,艺术思维是在储备外部表象的基础上,对表象进行艺术加工,创造出新形象的过程,与想象密不可分。但不能将艺术思维归于简单的形象思维,它与想象思维有联系,更有其实境与虚境的独特的艺术感觉。认识到这一点,在语文教学中才能有的放矢,有意识地培养学生的艺术思维。

其次,艺术思维更深一层的含义是主体的人在感受外界客观时,通过主体的情感活动对客观进行移情处理。移情的同时产生一种强烈的心理体验,这种超乎寻常的感受是违背常理的,却又服从于人的心灵与情感。那么,怎样培养学生的艺术思维呢？我们在教学实践中发现，艺术思维能力的高低，虽与人的阅历及人的高级神经系统的兴奋程度有关，但并不是说艺术思维不能在后天培养，后天的培养要比先天的条件更为重要。艺术思维的培养途径主要有以下三个方面：

一、启迪想象，再现画面

艺术思维离不开想象。想象是人类特有的一种心理功能。高尔基说："想象和推测可以补充事实的链条中不足的和还没有发现的环节，使科学家得以创造出能或多或少地正确而又成功地引导理性的探索的各种'假说'的理论……产生出属于我们的、由我们的意志和我们的理性所创造出来的'第二自然'的文化。"可见，启迪丰富的想象就是进行新的创造。教学中，让学生运用自己的知识储备、生活积累，对课文中的描述进行合理大胆的想象，此时文字符号就会变成充满激情的语言，字里行间就会蹦出栩栩如生的画面，使人有身临其境之感。如在教《春》一文时，抓住文中大量新鲜生动的比喻"红的像火，粉的像霞，白的像雪""像母亲的手抚摸着你"等，让人自然产生联想，脑海中浮现出画面。在教杜甫的《茅屋为秋风所破歌》时，抓住"床头屋漏无干处""长夜沾湿何由彻"的诗句，启发学生想象，描绘出杜甫眼前景和心中思两幅画面，在想象中反复理解诗的主旨和作者忧国忧民的情怀。

二、激发移情活动

移情活动是艺术思维的重要方式。白居易指出:"感人心者,莫先乎情,莫始乎言,莫切乎声,莫深乎义。"其中情是最重要的。情是文学作品的核心和主宰,也是语文教学的生命。语文教材中,许多名篇佳作无不是作者情的结晶:有对美好事物的热切向往,有对高尚人格的挚诚赞颂,有对丑恶势力的愤懑鞭挞,也有对生命执着的追求。这些强烈的情感给学生以真善美的感染和熏陶。通过这些形象的分析,激发学生的情感活动,真正做到入情入意,使学生与作者共振共鸣。教学中还可以诱发学生情思来创造。比如,针对某一篇文章、某一种感情,让学生从认识上达到基本一致,获得情感的认同,继而诱发学生开拓情感,并结合自己日常生活的感受写读后感,让学生在写作中强化相关联的感情。如在教范仲淹的《岳阳楼记》时,引导学生从"不以物喜,不以己悲"中来认识作者"先天下之忧而忧,后天下之乐而乐"的崇高情怀,使思想感情得以升华。总之,艺术思维中的情感活动是一种神奇而又巨大的精神力量,在语文教学中不断引导学生走进情感世界,对他们的艺术构思起着巨大的促进作用。

三、加强移情训练

艺术思维源于艺术感觉,而艺术感觉最高境界就是移情。移情通常是指人在观察外界事物时,设身处地地把原来没有生命的东西看作是有生命的东西，仿佛它有感觉、有思想、有情感、有意志和活动，从而使人与物发生共鸣，达到物我交融、物我合一的境界。因此，在写作教学中可用移情来训练和指导学生的写作，让他们学会对各种修辞方法的灵活运用，使自己的文章生动、形象、活泼。在训练中，特别是达到物我交融的境界后，让学生把体验最深的情感用恰当的修辞方法表现出来，这样对迅速提高写作能力帮助很大。在移情中常用的修辞方法有：

1. 比喻

宗璞的《紫藤萝瀑布》中这样写道："每一朵盛开的花就像一个小小的张满了的帆……又像一个忍俊不禁的笑容就要绽开似的。"作者巧用比喻，把紫藤萝花要盛开的情态生动形象地表现了出来。

2. 拟人

诗中写得好的佳句，如"感时花溅泪，恨别鸟惊心""红杏枝头春意闹"等，都是善用拟人的修辞方法而成。拟人用得好，更能使文章抒情达意。

3. 夸张

移情过程中，当审美主体的感情非常强烈，用平常事物难以表达时，则可以用对外物夸张的手法来抒发情感，李白是最善用夸张的，如"白发三千丈，缘愁似个长""飞流直下三千尺，疑是银河落九天"等，都是用夸张的修辞方法来表达强烈的情感。

当然，方法不只上述三种。让学生会用、善用、巧用各种修辞方法，在文章中寄情于物、托物抒怀、借物寄思，从而艺术化地充分展现内心的世界，以提高写作的技巧和能力。加强移情训练，使学生的思维机器启动运转，通过感知、回忆等心理活动逐渐向一定的方向收敛、集中，汇聚成一股欲将自己所见所闻表达出来的心理潜流，萌发出强烈的写作冲动。

综上所述，培养学生的艺术思维有着重要的意义：

（1）培养艺术思维，有利于健全心智，发展完美人格。

（2）培养艺术思维，有利于涵养性情，充实精神，培养审美能力。一个缺乏艺术思维的人，他的精神是平凡的、心灵是干枯的、思想是僵硬的。

（3）培养艺术思维是实行美育与情感教育的重要措施。在语文教学中培养学生的艺术思维，就是对学生审美情感的孕育，而这种孕育过程是潜移默化的。

关于中学语文教学中学生主体参与的有效性

主体参与教学，是发展性教学中的一个重要组成部分，其主要目的是实现学生在学习过程中的"全员"或"全程"参与。通过相关的"主体"参与，最终实现"合作"的有效性，以完成相关的教学目的，提升学生的全面发展目标。

一、主体参与理念下的课堂教学模式

一般情况下，主体参与教学分为自主学习、合作学习、总结与提升、巩固与训练。主体参与教学在实践教学中主要存在以下问题：首先是总体参与人数多，实际参与少，即整体数量大，真正思考与参与的少；其次，少数参与的多，全员参与少；再次，局部参与时间长，整体参与时间短；最后，局部内容参与多，整体参与少。

二、提高语文课堂教学有效性的相关措施

所谓的课堂教学有效性，就是课堂教学时间的既定范围（一般四十五分钟）内，要求教师完成相关的教学内容，学生学习完相关的课程内容。这就需要采取合理的时间与措施传授课程，尽可能地减少（教师）时间消耗，来获取（学生）最大的学习利益。

1. 以学生需求为根本，在交流中了解学生的课堂需求

课堂教学中，教师是传授主体，学生是被传授对象。教师要想实现实际的传授目的，就必须以学生为中心，只有这样才能实现内容的真正传授。首先，教师必须了解学生的实际需求，并采取相应的教学手段，调动学生对学习相关内容的积极性与热情，才能更好地实现教学的时效性；其次，学生要想更好地接受教师所传授的知识内容，就应该做好课前预习、课中学习、课后练习。如笔者在语文教学中，根据具体的教学大纲和学生实际需求安排相关内容，进行备课与教学内容梳理，增加课程的相关知识链接，如风土人情、历史背景等，让学生积极地参与到课堂学习中来，进而提高课堂学习的有效性。

2. 师生互动，和谐课堂气氛，提高课堂教学的有效性

在语文教学中，有效的师生互动、和谐的课堂氛围，不仅能集中学生的注意力，更能有效提高课堂教学质量。营造良好的课堂教学氛围要注意以下几点：第一，把相同或相近兴趣爱好或知识结构不同的学生安排在一起，使其相互促进和提高；第二，扩大教育对象，加快教学进度，提高教学工作效

益；第三，有计划、有组织地推进教学内容；第四，扩大学生知识领域，提高学习效果。如笔者在进行《苏州园林》这篇文章的教学时，采用交流的方式让学生踊跃发言。在讲述自己亲身体验的关于园林建筑的相关知识时，课堂气氛变得活跃，学生之间也相互了解和学习了别人的长处，增长了知识。

3. 实现师生角色转换，激发学生学习兴趣

首先，角色互换有利于增加师生之间的情感交流；其次，中学阶段正值学生的青春期、叛逆期，角色互换有利于架起师生之间的交流桥梁，转移学生的注意力，使学生能从更高角度理解课文的相关内容，激发他们的学习兴趣，开拓他们的思路，发展他们的创造性思维；第三，角色互换有利于诱发学生的学习动机，帮助学生学习。

4. 合理利用教学工具，增加课堂学习趣味性

教师要想在教学中取得较好的教学效果，抓住学生的好奇心和兴趣，要具备相应的"制胜法宝"，如渊博的知识、幽默生动的教学风格等，再配合多媒体等现代教学辅助工具，会使课文变得更加生动、形象，从而使学生深刻体会课文的深层含义。图文并茂的教学方式，可以使知识更具创造性、评价性、认知性，确保知识瞬间记忆的有效性。

三、构建提高中学语文课堂教学有效性策略探究的保障机制

1. 重视主体参与有效性在课堂教学中的有效发挥

首先，实现以学为教政策，把学生当作教学主体，以教师配合学生为主的教学思路，加强学生的主体地位；其次，实施以人为本的教学思想，通过

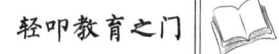

忠实于教材但高于教材的教学模式，去粗取精，大胆创新教育方法，使学生真正发挥自由创造的能力，增加校园活力；第三，正确掌握语言应用能力，发挥体态语言；第四，积极应用书面语言。书面表达具有直观性和导向性，精当的书面语言可以引导课堂。

2.提升专业研究能力的保障

中学语文主体参与教学的推进既需要大量的时间投入，也需要大量的经济投入。它不仅需要长期担任语文教师的人员的配合，更需要相关政策的支持。首先，学校必须做好长期的战斗准备，以保障主体参与教学的有效性；其次，主体参与教学必须得到学校领导、相关人员的配合，教师要充分发挥其主体战斗准备及课堂优势，积极鼓励学生参与其中，正确引导学生，激发学生主体参与的兴趣和热情；再次，根据相关的课文内容，进行一定的策略安排与原则性准备，选择能引起学生学习的提问，问题要兼顾宽泛性和指导性，并实时调整课程，使用探询问题。策略的设计要做到在关键处设点，在思维价值处设点，在矛盾处设点，在引起联想、想象处设点。

四、结语

综上所述，中学语文的主体参与教学是推进教学改革的重要支柱之一，是推进课堂有效性提高的基础与教学内容涉及的关键所在。因此，我们语文教育工作者应当引起高度重视，还学生一个美好的明天。

参考文献

[1] 李文军.主体参与,改进作文评改方式的探索[J].中学语文教学,2015,(12):33-34.

[2] 王荼员.在语文教学中实施学生主体参与的实践与研究[J].文教资料,2012,(10):30-33.

[3] 田玮.浅谈中学语文主体参与教学中的课堂提问设计[J].天津教育,2014,(13):110-111.

中学学生表达能力的培养

语言表达能力是一项基本的交流技能,在学生的各个阶段都要培养。随着社会的发展,学生的表达能力也越来越受到重视,加强学生的语言表达能力,已经成为现代教学的首要任务。

一、表达能力的内涵与表达能力的形式及其培养

1. 表达能力的内涵

表达能力就是在语言能力的基础上建立起来的一项基本语用表达能力,表现为:

(1)选择表达语言材料与组织的能力。

(2)表达目的在自我表达中的调控能力。

（3）参与者之间的语言材料与语言表达形式。

（4）语言表达与语言环境的应用。

此外，表达能力还是一种智能条件下的言语外化过程，是文化知识与社会阅历的具体反映。

2. 表达能力的形式

就现阶段的情况来看，表达能力分为语言、文字、数字、图示等不同的表达方式，而数字与图示是属于专业范围下的基础表达技能。

3. 培养文字表达能力的基本方法

（1）阅读和积累：多阅读一些经典名著，如《红楼梦》《西游记》《名人传》《巨人传》等，积累一些经典的文段与句子，理解与背诵。

（2）接触社会，感受生活：在学习之余，多多加强社会生活实践，将学到的知识应用到实际的生活中去，多观察、多听、多写。

（3）练笔，迸发灵感：在看书或学习时，应多记录，锤炼文字，提高文字表达能力，或是写读后感等。

（4）多思考，升华思想：没有思想的东西，再多也是死的。因此，在学习中要多表达自己的所思所想。

二、初中语文教学对学生表达能力培训的一些问题

1. 学校对学生的表达能力的培养重视度不高

在初中语文的教学实践中，对学生表达能力的不重视主要表现为：第一，学校传统语文教学模式沿用较为普遍，对新的教学实践程度不够；第二，学

校和老师对学生的表达能力整体重视程度不高,除了对基础知识的培养以外,学生的自主学习时间不足;第三,学校很大程度上是以具体的升学率为其主要教学目标,在教学安排上总是忽略对学生表达能力方面的培养;第四,学生学习压力大,需要掌握的知识量大,没有足够的时间培养表达能力。

2. *学生对表达能力培养的认识程度不高*

在语文教学过程中,学生对表达能力的重视程度不够,积极性不高。而在实际教学中,很多老师与学生在教学模式中存在随意应付状况,进而导致学生的表达能力没有得到发展与提升,因此严重影响了他们的长远发展。

三、对学生表达能力提高的几点思考

表达能力,不仅是语言能力的重要分支,更是交际能力的重要组成部分。学生要想在表达能力上提升,就必须通过学校、教师和自身三方面的共同努力。

1. *学校领导的重视*

首先,在培养学生表达能力的过程中,学校领导起着重要的决定因素。领导是学校的领导核心,是推进学校各个教学任务落实的关键因素;其次,就学校而言,学生的表达能力在一定程度上也能反映学校的综合教学素质,领导应鼓励教师对学生加强表达能力培养,将表达能力与实际的教学内容相融合;第三,安排相关的课程,制定相关的教学与学习目标,加大监督力度。

2. *语文教师综合素质的提高*

教师是学生在学习过程中获取知识的直接传授者,是推动学生语言表达能力和提高学校综合能力的决定因素，语文教师的综合素质直接影响着学生的表达能力。因此，教师要不断提高自身综合素质与专业教学水平，紧跟时代发展的需要，不断更新和补充自身知识结构，进而满足越来越丰富的语文教学与生活。在进行语文教学时，教师应加强学生思维、情感、想法和意图等方面的训练，结合语言、文字、图形、表情和动作等方式，对学生的知识结构进行整理与提升。此外，教师要改革和创新语文教学方法，吸取先进教学方法的实践经验，用新的教学方法鼓励学生积极加强表达能力，并组织相关活动，让学生真正参与到学习中来。加强学生文化知识与社会阅历实践，培养学生自我锻炼能力，从学习、记忆、思维、认识客观事物和解决实际问题的能力等方面加强学生表达能力的培养。

3. 学生自身表达能力的训练

就学生而言，要想提升自身的表达能力，必须加强听、说、读、写能力在中学语文教学中的实践应用。叶圣陶先生曾经说过："听也是读，是用耳朵读；说也是写，是用嘴写；读也是听，是用眼睛听；写也是说，是用笔来说。"因此，学生在提高表达能力的道路上，一定要做到以下几点：

（1）积极主动地配合学校与教师完成相关的教学任务。

（2）对教师布置的相关学习内容与训练要认真完成，尽量做到课前预习、课中学习、课后练习。

（3）多参加社会与校园实践活动，丰富生活经验。

（4）学习相关的表达能力提升的技能、技巧。如在参加讲课、演讲时，前期准备充分，不照本宣科；以情动人，以理服人；条理清楚，观点鲜明，内容充实，论据充分等。

（5）多阅读、多实践、多思考、多练习，积累理论知识，如演讲学、逻辑学、社会学、心理学等不同方面的知识储备。

四、总结

综上所述，在课堂上学生一定要将教师传授的知识，通过做笔记、背诵、理解等方式尽可能地表达出来，持之以恒，大胆实践，及时总结并改进。只有这样，才能在表达能力方面取得一定的进步，从而实现表达能力的提升。

参考文献

[1]危兰娣.浅谈中学语文教学中对学生表达能力的培养[J].新课程·中学，2016，（1）：30-30.

[2]朱菊红.浅析中学语文课堂学生口语表达能力的培养[J].新一代(下半月)，2010，（12）：20.

[3]黄瑞霞.浅谈学生口语表达能力的培养[J].新课程·中旬，2016，（6）：114.

情感在学生写作中的作用

从心理学角度讲,情感是一种复杂的心理功能,是人们对客观事物的态度的心理反应,包括人们常说的喜、怒、哀、乐、爱、恶、欲等。而情感教育是语文教学中所固有的。

现在的学生智力因素差别不大,更多的是非智力因素在影响他们的学习。非智力因素包括师生间的情感力、学生的自信力和意志力,这些心理因素不是孤立的,而是互相促进的。加强情感教育是提高语文教学质量的重要途径,所以在师生情感交流中指导学生写作,是一种行之有效的办法。

由于对初一年级的学生各方面情况了解不多,我要求他们先写一篇作文《自我介绍》,让他们畅所欲言,在写作中谈自己的优点和不足,也写他们对老师的要求和建议。根据这些情况组织教学,实施教学计划便有了一个良好的开端。

经过一段时间，我要求学生做片断练习，比如用几个词语连成一段话、讲一个小故事、给一个图片写一段解说词或者续写一个故事结尾。期中和期末考试后，我要求学生结合前一阶段的学习，在练笔中谈体会，写分析，写反思，及时反馈学习中的各方面信息。教师及时了解学生的学习情况，为今后教学目标的确立落实、因材施教奠定了基础。

教师是为学生服务的，只有深入了解每个学生才有可能教好他们。而书信，往往比其他文字更能表达至情至理。通过才情并茂的书信，教师更容易发现写作的小天才。在课余时间，教师组织语文小组，定期指导，鼓励他们积极投稿，并踊跃参加各级竞赛。

兴趣是最好的老师。在作文教学中，如果学生产生兴趣，就会主动地感知事物。现在的学生，感情丰富，独立且个性张扬，经常用日记表达自己的感情。所以，日记是师生沟通的一种方式，也是一种很有实用价值并能自由发表意见、表达思想的形式，同时也是教师了解学生的最佳方式之一。平时除了上课，师生真正交流的机会比较少，而日记填补了这一空白。学生在日记中通过自由言论，树立正确的学习观。有的学生平时说起话来滔滔不绝，但提起笔写作文却非常费力，大多数学生写作文难，"难于上青天"。而通过每天写练笔、写日记，日积月累，循序渐进，学生明白只要用心观察，认真感悟，把所见、所闻、所感写下来，然后有条不紊地串联起来，这样就可以了。通过日记这一渠道，学生对作文不再恐惧了，并且对教师的教学意图也有了更深层次的认识。

从教育学理论上讲，教学过程就其实质来说，是一个量的积累到质的飞跃的过程，特别是中学语文作文教学，没有平时字、词、句、段的积累，不可能达到"篇"的飞跃。在这个过程中,教师的"教"和学生的"学"是紧密联系、相辅相成的两个方面。教和学这两方面协调得好,就有助于促进转化;不协调或协调得不够好,就会影响转化的进程。我要求学生在日常练笔中以书信或日记的形式对教学工作进行评论,实际上是给他们一个发表言论的平台,促进其转化为质的飞跃。有时我给学生命题作文《爸爸、妈妈你听我说》《给老师的一封信》《未来的我》等,通过他们的作文来了解他们的思想、抱负、兴趣、爱好,了解他们对父母的情感以及他们的家庭环境。我从师长的角度加以点拨,这之后,师生的关系更好了,写作兴趣也更浓了,写作文也不再是头疼的事了。

初中语文教学中的作文教学

初中语文教学中的作文教学一直是一个难题。语文教材中的作文教学是按单元安排作文训练的。新版教材每册六个单元,每单元一次作文训练,这样每学期学生应写六篇大作文。对学生来说,看似量不是特别大,但学生仍觉得有负担。传统的作文教学是学生写完作文,然后交上去,教师全批全改。现在的语文教师一般都是担任两个班的教学任务,全批全改完两个班学生的作文,工作量很大,而且等到教师花费不少的时间和精力把批完的作文发到学生手里的时候,学生写作时的激情和感受早已消失了。在多年的语文教学实践中,我探索出一种高效的作文教学方法,即四字作文教学法:写——读——评——改。

具体做法是第一节课学生写作文。教师布置好作文题目,一般有两个题目供学生选择,并提出写作要求;学生选题、审题、立意、谋篇布局,当堂完成,时间就是一节课,这是写的环节。第二课时,学生以小组为单位,班

级一般分成12个组，各组推选一名学生，代表小组到讲台上读自己的作文，其他同学做好记录，做好点评的准备。这一环节也提出具体要求，可以从文章的内容结构、立意主题、语言表达，包括学生的朗读等方面找出作文可圈可点的地方，提出修改的意见和建议等。然后每组再推选代表点评作文。有的时候可以加上第三轮，对学生点评作文的过程进行点评。最后教师总结，学生根据教师和其他同学的作文点评，对自己的作文做出详细的修改。这种方法有以下好处：

（1）充分调动了学生上作文课的积极性，大大激发了他们的写作兴趣，使学生的主体作用得到了充分发挥。一直以来，写作文就是学生最头疼的事儿，看到标题就觉得无话可说、无事可写，抱着到考场现编的心态对待写作，写作水平提高得很慢。但是通过这种形式的作文课，学生的积极性被调动起来，就是平时对写作不感兴趣的同学也尝试着把自己的作文读给大家，然后和大家一起评，一起改，使自己一点点进步。

（2）能及时得到反馈。这种当堂写、写完读、然后马上点评的作文课堂，学生能够及时发现作文中出现的问题。在对其他同学的作文点评中，也能及时发现自己作文中相类似的问题，有利于进一步修改作文。

（3）参与的同学多。过去教师在批完作文之后，找出几篇比较好的作文，在班级里当范文读，但范文有限，学生总是比较被动。而这种作文课的模式，一堂课下来能有近一半的学生主动参与进来，积极思考、发言，使课堂气氛非常活跃。在积极参与的学生的带动下，整个班级的学生都融入课堂中，效果很好。

（4）有利于学生之间互相学习，取长补短。写作是从模仿开始的。作文课上当堂朗读、当堂点评的过程，实际上是对所有学生的一种影响。一个班级学生素质层次是不一样的，他们思维方式不同，理解能力也不同，同样一个作文题目，每个人表达的角度也不相同。当写作能力较强的学生读作文的时候，对其他学生也是一种影响，平时不喜欢写作文的学生也会学着去写，有的学生描写比较细腻，有的学生善于运用修辞，有的学生立意总是很新……学生互相学习，取长补短，共同提高。

学生写作水平的提高并不是一蹴而就的，需要一个过程，而语文教材上每单元一次的作文训练是远远不够的。从1998年开始，我就要求学生要有练笔本，从上初中的第一天起，就要求学生每天坚持写练笔。开始的时候每天命题，如开学报到的第一天，我布置的题目是《相逢是首歌》；第二天我布置的题目是《九中，梦开始的地方》；等等。命题可以根据节日，如教师节、国庆节、端午节、重阳节、清明节等，也可以根据校园生活，如诵读比赛、校园艺术节、趣味运动会等，或者就是记录日常生活。内容都是自己经历的事情，学生写起来有话可说。这些练笔在第二天的语文课或者自习课上讲评，或者一周找出一节课专门作为习作欣赏课。这样坚持下来，一年就是十多万字，四年坚持下来，字数就很可观了。

结合教材进行写作训练。新版教材内容充实、丰富，每一单元后面都结合本单元的课文主题，安排相应的作文训练，如学生学习了《藤野先生》，就会训练人物的外貌描写；学习了《春》，就引导学生学着去描写家乡的秋；改写古诗词，如学完了《天净沙·秋思》，可以把它改成一篇散文等。此外还有仿写句子的训练、对联的训练，这类语言训练的形式是灵活多样的，既训练了学生的做题能力，又提高了他们的语言运用能力，易于接受。

作文教学是语文教学中最重要的组成部分，对初中语文教师来说，完成好这个语文教学中的重点难点，引导学生对写作产生浓厚的兴趣，对提高学生的语文成绩和语言素养都有着积极的作用。

浅谈情感教育在语文教学中的作用

情感教育作为一种教学手段与方式，寓于语文教学之中，直接影响着学生的学习情绪和课堂效果。它能激发学生的学习兴趣，迅速掌握语文知识，有效提高语文能力；它能拨动学生的心弦，使学生在潜移默化中受到深刻的教育。因此，在语文教学中，我们要特别注意情感教育。

一、导语设计中的情感教育

课堂教学成败的关键一环是导语的精心设计。根据不同的课文内容，精心设计导语，诱发学生的学习兴趣，从而加深对课文内容的理解。如《背影》是朱自清先生著名的回忆性散文，它以朴素真挚的情感感动了一代又一代人。它之所以能打动读者的心，就在于它充满了亲子之情。爱，是一个永恒的主题，《背影》表达了深沉的父爱中的淡淡哀愁。因此，先用真情实感感染学生、打动学生，效果会更好。我是这样设计导语的："人们常说世界上最伟大的是母爱，然而深沉的父爱又何尝不是如此呢。整日生活在父母身边的我们，还意识不到这一点，但随着年龄的增长，当我们由于某些原因远离父母的时候，思念之情就会油然而生。就说我吧，现在就真正体验到了这种感情。"接着我讲述了自己的一段亲身经历。从学生的眼神中我看出他们真的被打动了，这段导语引起了学生们的感情共鸣，他们很快就进入了课文内容，从作者朴实无华的语言中感受到了人世间最普通、最正常而又最珍贵的美好感情，也增进了对"可怜天下父母心"的理解。课后，一个学生在日记中写道："世上不只有妈妈好，今天才真正理解了父亲平时对我的爱。"

二、语言教学中的情感教育

高尔基说："语言是一切事实和思想的外衣。"语言把我们的一切印象、感情和思想固定下来。萧乾的《枣核》这篇课文中有这样一段人物倾诉内心活动的话："家庭事业都如意，可是心中总像缺少点什么。"这句话道出了海外游子身在异国心系故土的情感，故乡的感情融在朴实的语言中，是语言描绘了海外游子对祖国的眷恋之情，是语言为我们与相距几万里的美籍华人朋友架起了一座互通感情的桥梁，让我们真正理解了"改了国籍并不等于改了民族感情，而且没有一个民族像我们这样依恋故土的"。结合课文内容联系实际，对学生进行了一次生动的爱国主义思想教育。

三、情感教育的迁移

在情感教学中，要注意学生情感的迁移作用，使学生不但能够体会作者的真实感受，还能抒发自己的思想感情。《背影》这一课，课文内容结束后，我要求学生思考做口头作文：假如一个人不爱自己的父母，你能相信他爱别人的父母、姐妹、兄弟吗？更进一步说，一个人连自己身边的人都不爱，他能热爱自己的祖国吗？学生的发言很动情，也很实在，有的学生还反思自己平时在家的时候对父母的无理等。这样一方面顺利完成了课堂目标，另一方面更加深了学生对"可怜天下父母心"的理解，真切感受到深沉而又厚重的父爱，也学会了怎样去爱自己的父母，去珍惜这份美好的情感。同时也引导学生把这种爱扩展到对同学、老师、亲人、朋友，以及学校、家乡，进而上升到对祖国、对人民。

情感教育对学生起到的移情作用不可忽视，既激发了学生的学习热情，又在语文教学中浸透着德育教育、感恩教育。

《记承天寺夜游》第二课时教案

一、导入新课

这节课我们继续学习苏轼的《记承天寺夜游》。

二、新课内容

我们在上节课了解课文的基础上,把这篇小短文分成了几部分?

教师明确:分成三部分(按照表达方式的不同划分)。

问:作者在开篇的叙事中交代了哪些内容?

明确:时间:元丰六年十月十二日;地点:承天寺;人物:我和张怀民;事件的起因:月色入户;经过:至承天寺寻张怀民;结果:相与步于中庭。

问:作者为什么会在初冬的夜里走出户外?

明确：时值秋末冬初，寒意将浓，作者百无聊赖，正值解衣欲睡之时，月色入户。月亮很有人情味儿，似乎懂得作者孤独寂寞的心境，悄悄地进来与作者作伴，于是作者欣然起行。"欣然"是什么意思？高兴、愉快的意思。兴奋、喜悦之余，又似乎有那么一点点无奈。既然无法入睡，不如去欣赏这美妙的月色吧。一方面，月色很美，作者想去赏月；另一方面，作者被贬谪，心情郁闷，想出去走走。可"念无与为乐者"，一个"无"字，足见作者的孤独。孤独是一种很折磨人的情绪，也许作者在想：和谁一起赏月，才不至于辜负这良夜美景呢？在这谪居的孤寂中谁又能与我一起共赏明月呢？于是，作者想到了张怀民。张怀民是谁？作者的朋友。为什么是张怀民？因为张怀民此时和作者一样，也被贬黄州。遭遇相同，处境相同，想来也一样无眠吧！所谓心有灵犀，怀民亦未寝，于是两人一起到庭院中赏月散步。

　　以上是叙事，写赏月的缘由。虽然是短短几句，却蕴含着微妙的情感。

　　问：作者和张怀民看到了哪些景物呢？作者又是如何描绘眼前的美景呢？

　　明确：月光，竹柏的影子。作者把月光比作积水，水的特点是清澈透明。用积水写出了月光也是清澈透明的，以至于让人产生了错觉，不仅看到了庭院中的水，而且还看到了水中纵横交错的水草。

　　问：院子里怎么会有水草呢？

　　明确：抬头看见了竹柏，同时也看见了一轮明月，原来是月亮照出的竹柏的影子。作者用积水空明写月光的清澈空灵，用藻荇交横摇曳，写竹柏的影子清丽淡雅，与庭院景物浑然一体，不知道是月光化作了积水，还是积水反射的月光。这让我们想到了一个词语：月光如水。这个词经常会有人用，但苏轼用的比喻所产生的艺术效果却不同。作者仅用了18个字，就为我们点染了一个空明澄澈、疏影摇曳、似真似幻的美妙境界，这空灵的境界正像作者光明磊落的胸怀。陶醉其中，作者摆脱了贬谪的沉重，忘记了人间的得失。

问：面对如此美景，作者发出了怎样的感慨呢？请找出文章的主旨句，并体会作者微妙复杂的情感。

明确：文章的主旨句是"何夜无月，何夜无竹柏？但少闲人如吾两人者耳"。

问：这句中的重点词是哪个？

明确：闲人，文中注释是清闲的人。字面上的意思是作者在自嘲自己和张怀民都是清闲的人，因为闲才出来赏月，但实际上也是在为自己的行为自豪。月夜、竹柏处处有，有人欣赏的景才美，只有此时此地的月色才是幸运的，因为有情趣高雅的人欣赏它，像作者和张怀民，即使人生不如意，却还能从容地享受美景。作者在政治上有着远大的抱负，但却被贬谪流放黄州，在内心深处又何尝愿意做一个闲人呢。赏月闲人的自得，只不过是被贬闲人的自我安慰罢了，所以，闲人又包含着作者郁郁不得志的悲凉。我们能够体会出作者微妙而又复杂的情感了：有赏月的欣喜、漫步的悠闲、贬谪的悲凉、人生的感慨，以及自我排遣的豁达和乐观。作者思想受儒、道、佛三家的影响，所以能够在逆境中自得自适，将人生的挫折化为审美的机缘。

总结中心思想：本文通过对庭院月光的描写，营造了一个清幽宁静的艺术境界，传达了作者复杂而又微妙的感情，让我们感受到了作者面对逆境，达观处世，潇洒人生的可贵。

写作特点：

1. 景语皆情语，景中有情，情景交融。

2. 表达方式的运用。这是我们在今后的写作中要学习和借鉴的。

三、小结

一次平凡的夜游，让我们感受到了一言难尽的苏轼。他带着满身伤痛被抛弃在穷乡僻壤的黄州，仍然能够笑看大自然的清风雨露，笑谈人世间的赏心乐事。其实苏轼也是一个凡人，他也有七情六欲，也懂悲欢离合，只是他能够做到把痛苦深埋在心底，以快乐面对苦难，这就是他的可贵之处，也是他传递给后人的永恒的精神力量。

四、练习飞花令，主题词"月"

略。

五、作业

1. 课下积累苏轼的诗词。
2. 练笔《我眼中的苏东坡》。

六、总结

在我国文学史上,苏轼宛如一颗璀璨的巨星光耀千古。他是几百年才出一个的文学奇才,为后人留下了丰富的文化遗产,至今仍滋养着我们的心灵。大江之畔,有"大江东去,浪淘尽,千古风流人物"的绝唱;峰峦之间,有"不识庐山真面目,只缘身在此山中"的哲思;遇到挫折,我们吟"回首向来萧瑟处,归去,也无风雨也无晴"来安慰自己;月圆之夜,我们唱"但愿人长久,千里共婵娟"聊表思念……苏轼的诗文,俨然融进了华夏子孙的血液之中。他诗书满腹,才华横溢;他幽默达观,豪放洒脱;他历经坎坷,感情丰富。在他短短的六十四年中,经受了一般人经受不住的风霜雪雨;承受了一般人承受不住的狂风巨浪;战胜了一般人战胜不了的飞沙走石;成就了一般人成就不了的传奇人生!今天,我们学习了他流光溢彩的诗文,品味了他悲喜冷暖的复杂心境,感受了他进退沉浮的坎坷人生,那么我们在他的身上得到了哪些启示呢?向苏轼学习:

1. 跳出自我圈子,实现利他人格。

2. 享受平凡与苦难,有化腐朽为神奇的日常生活能力。

3. 用高雅多样的艺术爱好,提升生活品质。

4. 去伪存真、与时俱进的养生之道。

希望同学们今后多读苏轼的作品:仰望一轮精神的明月,追求一种站立的人生!

《词五首》说课教案

一、说教材

1. 教材的地位和作用

《词五首》选自人教版教材九年级上册第六单元。这册教材编有六个单元，根据内容、主题概括有畅想自然、思想风采、成长故事、求知探索、名著鉴赏和古代史传。第六单元的主题是古代史传。我国古代文化繁荣，涌现出大量的优秀作品。这一单元所选的文章大部分是史学家对历史事件、历史人物的记录和描述，或是作家本人的心灵感受，虽然几篇文章的体裁不尽相同，却都用不同的方式呈现了一定的历史阶段的社会现状和不同人物的精神面貌。学习这一单元对我们了解历史、审视现在有着十分重要的意义。

《词五首》统一编排在这一单元的最后。学习这五首词，我们如同泛舟诗词汇聚的文化瀚海，能感悟智者发自肺腑的时代强音。翻开文明的词章，我们会发现，温庭筠笔下的思妇之情融入了滔滔的江水；范仲淹的那座孤城书写着边塞的凄凉；苏轼的矫健弯弓在梦想射杀西北敌寇；李清照的浓浓愁思装不进双溪的舴艋舟；辛弃疾的醉眼迷离了那片刀光剑影。读后，我们心中泛起阵阵涟漪：中国是诗的国度，唐诗宋词已成为我国文学繁荣的一个象征。诗言志，词传情，诗词这种形式是我国文人表情达意的最主要方式。这五首词代表了词的发展的不同时期、不同流派，通过本课的学习，引导学生在诵读的基础上比较它们的风格差异，理解婉约派与豪放派两种不同的词风，从而提高学生古诗词鉴赏能力和审美品位。引导学生以语言文字为媒介，从斜晖脉脉、长烟落日的景色中，从城外狩猎、沙场点兵的生活场景中，从独倚危楼无语泪流的举止神情中，与古人做跨越时空的对话，感受古人的愁绪，体会英雄的壮志，理解他们的情怀，求得心灵的共鸣，领会他们追求理想、报效国家的精神内涵，从中受到思想教育。

这一单元的语言综合活动是话说千古风流人物。风流人物的含义是什么？什么样的人称得上是风流人物？本单元让学生知道那些曾在历史上建功立业又有文采的人是风流人物，那些对中华文明乃至世界文明产生过巨大影响的人称得上是风流人物，他们或者是侠肝义胆的英雄，或者是聪明过人的智者，或者是才华横溢的文人。引导学生了解英雄，追念英雄，感受历史上英雄人物的情怀，汲取他们的精神力量，并让学生学会用自己喜欢的方式去表达自己的感受，从而全面提高学生的语文能力。

2. 说教材特点及处理

《词五首》这一课体裁全都是词。词是注重作者主观抒情的艺术形式，词与诗不同，诗多偶句，词则有奇句，这使得词更加富于变化。本课都是词中名篇，又各有特点。单从主题上看分为两大类：一类是写个人伤感的，另一类是写壮志未酬的。虽然表现手法不同，但主要内容基本相似。按创作风格则分为婉约派和豪放派。按词的创作风格分类能更适合教学中的整体把握以及学生形成整体认知。所以，我上课时这样安排：第一课时词两首《江城子》和《武陵春》，第二课时另外三首，这样安排是想让学生一下子就抓住宋词中最有代表性的两大流派——婉约派和豪放派的不同词风。

3. 说教学目标及重难点的确定

教学目标：不同的作者有着不同的人生际遇、精神追求、文字风格，每一部经典的诞生都有特定的写作背景，都会打上时代的烙印，寄寓着作者某种思想感情，所以我们要知人、论事、读经典。

知识与技能目标：

（1）了解词人的生平作品、风格及生活经历对其创作影响，了解词的不同的艺术风格和流派。

（2）体会词的意境和语言，感受古典诗词之美。

（3）掌握欣赏词的技艺与方法。

过程与方法目标：

（1）指导学生反复诵读，把握好停顿、节奏、语气。

（2）指导学生结合词的背景理解内容，鼓励学生从语言的角度品析词的意境。

情感态度价值观目标：

理解古人情感，在感悟中使学生多一份情感经历，了解古人面对自然生活与自身变化所持的态度与观念，学习他们为追求理想、报效国家而甘于献身的精神和求真求实的创作态度。

教学重点：初三阶段是学生各方面迅速发展的时期，他们开始关注自然，反思生活，感悟人生，这都为学习本文提供了良好的条件。但是由于本课涉及的社会历史背景久远，作者的经历复杂，使词中所描写的景与情与学生之间有一定的距离，这样在学习中了解和掌握每首词的背景资料就显得尤为重要。据此我确定以下重点：

（1）了解词人的生平、作品及不同的创作风格。

（2）品味词的节奏美、语言美、意境美。

（3）把握和体会词中所蕴含的思想感情。

教学难点：新课标、新理念之一是教会学生终生学习的方法与技能。课堂上，在教师的指导下学好两首词并不难，但是让学生独立、正确地理解其他诗词就有些难度，所以方法与技能就是教给学生的核心东西。因此，确定本节课的教学难点就是掌握鉴赏古诗词的方法，提高学生对古诗词的感悟能力、鉴赏能力。

二、说教法

1. 教法

根据初中生年龄及心理特点，采用灵活多变的方法，充分调动学生的积极性和主动性，参与到课堂中来。

（1）诵读品味法。指导学生朗读词（各种形式的朗读）。古人说"三分诗七分读"，高声诵读以畅其气，缓声慢读以玩其味，引导学生用心体会，在朗读过程中感受诗词的节奏美，体会作者情感。

（2）讨论质疑、点拨、互动探究。教师适当点拨，引导学生理解作品描绘的情与景，对作品中的语言及表达进行深入鉴赏和品味，着眼于名句等。

（3）比较鉴赏法。不同流派的作家及其作品的比较，是欣赏古诗词常用的方法，在教学中，注意引导学生掌握这种方法，提高鉴赏能力。

2. 学法指导

尽管现代中学生与作品内容、作者的情感相距甚远，但这都可以在反复的诵读中得到解决，所谓"读书百遍，其义自见"。借助诵读解决问题，学会圈点不理解的句子，如词中所引用典故等，学会运用共同探究的方式来解决，让学生在积极的思维和情感活动中理解、感悟。

另外，在诵读的基础上，积累精彩的诗词句，养成积累的好习惯，将有生命的语句运用到写作中去，也可以丰富写作内容、丰富自身情感。

三、说教学程序

（一）导入

播放歌曲《明月几时有》，并设计了这样的导语："中国是一个诗的国度，五千年灿烂的文化就是一部诗歌史，在诗歌的字里行间，我们可以触摸到历史与文化的脉搏。词是诗的姐妹，面对被唐人推到顶峰的唐诗，宋人独辟蹊径，把词这种艺术形式演绎得更加优美，使其成为我国文学艺术宝库中又一颗璀璨的明珠。这节课就让我们一起走近宋词，走近能代表宋词发展最高成就的苏轼和李清照，去感受两位大家的创作风格和艺术魅力。"这样设计导语是告诉学生从体裁上说诗包括词，但词又不同于诗，而且明确了宋词的两大流派，点明了本节课的主要内容。背景音乐播放根据苏轼的《明月几时有》改编的歌曲，创设情境，使学生快速入境。

（二）新课内容

1. 检查预习

检查学生搜集整理的与课文有关的作者及作品资料，做好学习本文的准备。学生介绍，教师补充。一般情况下，学生的预习多数只停留在表面上，我做了以下补充整理：苏轼，号东坡居士，他与其父苏洵、其弟苏辙并称"三苏"，被后人列为唐宋八大家之一，著有《苏东坡集》，存诗2700多首，词340首，同时，他的散文、音乐、书法、绘画、茶道等都雄视千古。他几乎是一个全能的艺术家，特别是他的词更是表现出了很大的独创性，在我国词史上占有很重要的地位。他突破了晚唐五代以来专写男女恋情、离愁别恨的旧框子，开创了豪放词风，为词的发展开拓了更广阔的道路。苏轼也因此成为当代中学生最喜爱的词人之一。今天我们要学的是他较早创作的《江城子·密州出猎》。

2. 诵读课文，把握字音、语气、节奏，朗读、反复诵读

听录音——齐读——体会词的蕴味。

3. 理解内容

（1）词的上下片分别写了什么内容？

明确：出猎场面；请战之举。

（2）上片中"老夫聊发少年狂"的具体表现是什么？

明确：①形象；②出猎场面；③自比孙郎射虎。

（3）下片表达了什么情感？如何表达的？

明确：杀敌立功、精忠报国的雄心壮志。

①前两句写"我"虽然老了，但"我"宽阔的胸怀还在、豪壮的胆气还在、昂扬的斗志还在，老又算什么呢？"老骥伏枥，志在千里。烈士暮年，壮心不已"，这是一个老当益壮的英雄。

②借用典故，表达渴望杀敌立功的强烈愿望，也流露出作者壮志难酬的遗憾。

③结尾直接抒情，上片贯穿一个"狂"字，下片突出一个"豪"字。

通过以上过程，学生理解了词的内容，体会了词人的思想感情，完成教学重点。

4. 品味语言

读词不仅要了解内容，更要品味佳句。接下来引导学生品味词中精彩佳句，指导学生积累，并把有生命力的精彩语句运用到写作之中。

5. 感悟

学生通过理解内容、品味语言来谈对这首词的感悟、感想，这样训练了语言表达能力。

四、小结

建功立业是苏轼一生的追求，这首词所以能千古流传，也正因为它有这样的光和热。像这样豪放不羁的英雄，洋溢着豪情壮志的作品还有很多，其中受苏轼影响最大、成就最高的是南宋词人辛弃疾。他们都有强烈的政治热情，豪爽的英雄本色，胸怀坦荡，抱负远大，畅所欲言，直抒胸臆。其作品意境雄奇宏大，风格豪迈奔放，给人一种积极向上的力量，具有阳刚之美的风范。

苏轼对婉约词的发展也做出了贡献。他扩大了婉约词的描写范围，提高了词的格调，传达的感情也更加丰富，受他影响最大的是苏门弟子秦观。

以上小结内容的目的是结合这首词归纳豪放词风的特点，使学生对豪放词风有清楚的认识，以便于鉴赏课外同类作品。同时与学生一起总结、归纳、赏析这首词的基本步骤：诵读——理解——品味——感悟，这个过程实际上为我们提供了一个鉴赏词的基本程序。接下来我们按这个步骤鉴赏《武陵春》。

赏析《武陵春》

作者李清照是两宋之交最伟大的词作家，是我国文学史上最伟大的女词人，婉约派的代表人物。这首词是李清照的后期作品。了解作者的生平。

1.在学习上首词的基础上，以学生自主学习为主，分组进行

（1）诵读原文。

（2）理解内容。

（3）品味语言。

（4）感悟，说出你的感受。

2.教师检查效果，设计问题

（1）你认为这首词围绕哪个字展开的？

明确：愁。

（2）你从哪方面感受到了作者的愁绪？

明确：外貌动作神态；日晚倦梳头；欲语泪先流。

细节：善于抓住一瞬间的变化，用"也拟""只恐"等词写思想、心理活动，层次清楚，新奇的比喻使抽象变具体，绝妙佳句。

（3）你知道写愁的诗句还有哪些？

明确：李白的"抽刀断水水更流，举杯消愁愁更愁"；李煜的"问君能有几多愁，恰似一江春水向东流"。

3.总结婉约派词风的特点

就内容而言，大多是写个人生活的情绪、恋情及愁思，抒发个人的荣辱悲喜，情调婉转，如小鸟呢喃，如秋日私语，语言细腻、精细。

婉约派代表人物的词句：柳永的"今宵酒醒何处，杨柳岸晓风残月"，秦观的"两情若是久长时，又岂在朝朝暮暮"等，对婉约派词风有所认识。

4.比较两首词的差异

比较，实际上是在更大范围的再次阅读，通过板书比较，学生对两种词风有了进一步的理解。

角度课题	江城子·密州出猎	武陵春
题　材	射猎词·画面壮美	闺怨词　画面凄美
艺术形象	英姿勃发的英雄	思妇
抒发情感	为国杀敌立功	思夫之情　家国之恨　故园之思
语言风格	豪迈奔放	委婉细腻

5. 课堂练习

（1）为李清照、苏轼写颁奖词。

（2）为"感动中国十大古代文人"写颁奖词，训练学生写作能力。

浅谈教材和写作的关系

刚上初一的学生几乎都有一个通病,那就是写作文难。学生们不知道,课本就是写作素材的来源,课文就是写作的典范。学生们常常把教材与写作脱离开,把写作和生活脱离开,每当写作文的时候就会觉得没什么可写,不知道怎么表达。那么,如何把教材、写作、生活紧密联系起来,使学生从有效的范文材料中获得写作技巧,提高写作水平呢?我以为,教师一定要挖掘教材,精心设计教学,唤起学生的创作欲望。

首先,抓住课文内容,在读课文中渗透作文教学。

编入教材中的文章都是优秀的传统篇目,其文学性、艺术性、思想性都极强,学生学习课文内容即是对生活的理解,把读后感写出来,就是表达自己对生活的认识和感悟。新编教材的选文都很贴近学生的思想和生活,这为他们提高作文水平提供了一个非常有利的条件。写作要从模仿开始,范文就在眼前。第一册第一单元的四篇课文都是反映家庭生活、亲情温暖的。家庭生活是广阔生活中的一部分，学生感受最深，因此，在学习反映家庭生活的文章时，觉得亲切有趣，容易理解。例如在学习《背影》一文时，学生都知道文中表现的是父子间相爱相怜的感情，那么为什么朱自清先生却写得如此感人，如此催人泪下呢？这时引导学生进一步体会，因为作者抓住了人物形象特征"背影"，这一特征在我们生活中常见，但我们就没想到要通过这一形象特征写父子、母子及其他人之间的亲情。进一步引导学生联想"妈妈的白发""父亲的手""老师的眼睛"等，这些内容写起来，远比千篇一律的"雨中送伞""带病上课"等要丰富得多。了解这些还不够，为什么这一人物特征在作者笔下就能真挚感人呢？原来，作者写的这些全是自己心里想说的话。我们也应该这样，所谓情真才能意切，自己被感动了，才能感动别人。这样，不仅从课文中体会了作者的思想感情，也能学着表达自己的思想感情。

其次，结合课后习题，加强片段练习。

《春》是写景散文，重点赏析五幅精美的春景图。例如赏析"春雨图"一段：那一片细细绵绵的雨，那一派清亮温馨的景色，那一种和平安静的氛围，都在作者笔下被描绘得出神入化。为什么会有这样的效果呢？引导学生思考，讨论，在文中找到答案。因为作者抓住了春雨多而细的特点，展开联想，运用比喻的修辞方法，达到了这样的艺术效果。学完后，马上结合课后习题做片断练习，教师提出要求，抓住夏雨、秋雨的特征，鼓励学生动脑、动手，看谁写得好。

再如学习《一面》这篇课文，重点是外貌描写，从远到近，由粗到细，文章中的外貌描写就是很好的范文。课后有"写你熟悉的老师或同学"这一习题，学完马上写，然后读给大家听。学生兴致很好，写完后都争先恐后地读自己的作文，很多学生写得生动形象，还没等读完，大家已猜出写的是谁了。这样训练之后，今后写到关于记人的作文时，学生也知道怎样进行外貌描写了，并且学会了用外貌描写去展现人物内心世界。这种形式的练习很好，短小活泼，学生负担不重，片断练习写多了，就能把学到的知识化为一种技能，自然写大作文也就不觉得难了。

再次，其他形式的练习也是积累词汇、扩大知识面、提高写作水平的有效方法。

口头作文。初中学生表现欲强、求知欲强，因此，在课前五分钟里，可以给学生标题，完成口头作文的训练。多给学生创造机会，这样既锻炼了他们的语言表达能力，又提高了写作水平。

仿写练习。仿写练习是一种既省时又高效的作文训练方式。仿写练习重在修辞和句式，又要内容一致，所以，仿写时要结合上下句，在内容、修辞上满足要求，也就达到了需要训练的目的。

写日记、写练笔。日记、练笔内容灵活多样，写一天中耳闻目睹的有意义的事，或者教师布置命题；学了思想性很强的文章，或看有意义的电影，及时写读后感、观后感等。经过这样长时间的积累和训练，学生的作文水平就会有明显的提高。

总之，教师要运用好教材，学生要重视教材。教师要用心想出一些措施，激发学生写作兴趣，把被动地写变为主动地写。同时，严格督促学生，让学生做到眼勤、脑勤、手勤，作文不拖拉，不断地提高学生的写作水平。

评出好学生

——评语的教育魅力

评语是对学生的思想品质、学习劳动、健康状况等做出的总结和评价，对学生进行操行评语，是考查学生品德行为的一种方式，也是教师工作的一项重要内容。评语也是教师传达感情的一种方式，用寥寥数语客观公正地反映一个学生在一定时期的思想品德、学业成绩、劳动技能、身体心理等方面的实际情况及动态变化，并指明今后努力的方向。几十年来，我国操行评语的传统方式是程式化的：一是优点，二是不足，三是期望。千人一面，反映不出学生的个性。学生和家长看惯了、听惯了就失去了兴趣，评语也就失去了应起的作用。为了充分发挥评语的指导、激励、教育学生的功能，我在具体的教育实践中，从学生实际出发，注重学生的个性特征，用富有感情的评语去激励、提醒、鞭策学生，让它像一粒种子，播撒在学生的心田，慢慢地生根发芽、开花结果。因为教师面对的是有感情、有思想、有个性的人，教师的每一句评语都会给学生留下深刻的印象,甚至影响到学生今后的人生道路。

一、评语要有激励性

卡耐基说:"使一个人发挥最大能力的方法是赞赏和鼓励。"对于初中学生来说更是如此。教师的每一份关注、表扬都会让学生的学习和生活有无穷的动力。所以,教师在平时的工作中,要关注每一位学生的成长与发展,用赞赏的眼光去审视他们的方方面面,去发现他们的独到之处,再用饱含真情的赞赏言语加以肯定。以情真意切的第二人称口吻给学生写评语,像面对面说话一样,使学生感到亲切、温暖、可信、乐于接受,也拉近了师生之间的距离。例如期末结束时,针对我们班每一个学生的特点,我写了富有个性的评语,对班长我是这样写的:"你是老师的得力助手,是同学们的好榜样。你努力勤奋,以身作则,班级的成绩你功不可没!希望你利用寒假养精蓄锐,使自己的成绩更好。"对成绩较差的学生我是这样说的:"你热爱班级,尊敬师长,每次劳动中都能看到你很卖力的身影。在学习上你可能要付出比其他同学更多的努力,但只要你坚持不懈,无论是学业还是做人,一定会有收获!"学生感受到了温暖和信任,会再接再厉。

二、评语要有针对性

每个学生都是独特的,都有自己的个性特点和长处。正是因为他们的个性差异，个性化评语才能打动他们的心灵。评语的个性化最终目的不是评说学生的好与差，而是要把学生的内在潜力诱导出来。针对每个学生的不同情况，抓住关键，力求准确地写出恰如其分、富有感染力的评语，要发现每个学生独一无二的闪光点，帮助他打开眼界，学有所获。例如对离家在外求学的农村学生我是这样写的："为了求学，你离家在外，克服了别人难以想象的困难，默默地努力着，以顽强的毅力在通向成功的道路上前行。仅此一点，你已经比别的同学多了一份收获，老师有理由相信：只要有这样的精神，你一定会更加优秀！"

三、评语要灵活多样

我在班主任工作中发挥语文教师的优势，不失时机地写出评语，更好地发挥了评语的育人作用。比如在练笔中，在期中、期末考试后，哪怕在平时的测试中，随时发现问题，随时就用这种方式和学生沟通。我为考试进步而有一点点小骄傲的学生写道："世界上没有绝对的成功，只有不断的进步！"对退步的学生我写道："每一次降落都是为了更好地起飞！"我写下的评语是一种交流，是一种沟通，是一种心与心的融合，收到了很好的效果。

总之，教师要充分利用好这一评价方式，使其在教育教学中发挥出更大的作用。

在综合性学习课中培养学生语文能力

《语文课程标准》明确指出:"语文综合性学习有利于学生在感兴趣的自主活动中全面提高语文素养,是培养学生自主探究、团结合作、勇于创新精神的重要途径,应予大力提倡。"语文综合性学习是以培养学生的创新精神和实践能力为目的,以学生的自主、合作、探究学习为基础,强调学生在教师的指导下,通过自我体验、实践、探索形成语文综合素养。

2017年9月,全国中小学生统一使用部编版语文教材。相比之下,部编版初中语文教材强调的是学习方式的转变。

在老教材中,综合性学习没有纳入课时,而在部编版教材中,综合性学习安排了一定的课时。和老教材相比,综合性学习的中心更加突出。综合性学习是一个新的课型,这种课型有利于培养学生听、说、读、写综合能力,并通过听、说、读、写能力的培养提升语文素养。综合性学习把阅读教学和写作教学以及口语交际都结合起来,所以,每一个综合性学习的过程,都是对学生综合能力提升的过程。以前的教材中，每个单元都有综合性学习，实施中有些困难，很容易使综合性学习流于形式。部编版语文教材则把这一课型做得更实在，每次的主题也更加集中，以提升这一课型的教学效果。在新教材中，学生可以根据综合性学习的主题，通过图片、文字等多种媒介，搜集相关信息，准备各种材料，用自己喜欢的形式展示成果。在具体的语文教学中，我十分注重语文综合性学习课，注重在综合性学习中培养学生的语文能力，提升他们的语文素养。

一、培养学生团结合作的能力

团结合作能力是现代青少年必需具备的素质。当今社会需要的是一种"复合型"人才，不仅要有广博的科学文化知识和较高的技能，还必须有良好的心理品质和个性，独立的人格，敢于拼搏，敢于创造，有竞争意识，也有合作意识。所以，在教学实践中要对学生进行合作探究精神的培养，综合性学习课正是培养学生合作探究能力的课程。

一般来说，综合性学习课的内容都是分组进行的，有时是同一个主题，有时是两个或三个同时准备，这就要按照班级的小组统一安排主题，或者用抽签的形式选定主题。这样做的好处是，几个小组同时准备，各组之间就会有竞争意识，使所有的学生都能以极大的热情投入到准备中。每个小组成员在准备过程中都有自己的任务，然后汇总，最后每个小组根据主题内容确定表现形式。这样小组成员间的合作就显得非常重要，组长根据每个组员的特长布置任务，小组共同努力，才能把综合性学习课上好。例如综合性学习《古诗苑漫步》，为了更好地表现主题，在形式上可以多种多样，如书法、绘画、音乐、舞蹈等，这就需要小组成员间分工合作，准备排练，才能把最好的成果显示出来。

二、培养学生收集整理信息的能力

随着科学技术的飞速发展，学生获取信息，准确鉴别信息，创造性地对信息进行归纳、分类、摘记等能力越来越受到重视。它对培养学生的科学素养、激发学生的探究热情具有深远的意义。《语文课程标准》明确提出"要培养学生搜集信息和处理信息的能力"，《基础教育课程改革纲要（试行）》则"倡导学生主动参与、乐于探究、勤于动手，培养学生搜集和处理信息的能力、获取新知识的能力、分析和解决问题的能力以及交流与合作的能力"。综合性学习课能够培养学生收集信息与整理信息的能力，促进学生自主学习，使之成为学习的主人。《倡导低碳生活》这节综合性学习课需要围绕"低碳生活，从我们每个人开始"这一主题，学生要做很多准备，要了解相关知识，从不同的角度用不同的方法搜集材料，然后根据活动主题需要，对所搜集到的材料进行筛选、分类，在这一过程中，逐渐培养学生搜集、整理、利用信息的能力。

三、培养学生的语言表达能力

综合性学习本身就是一个综合性很强的课型，无论是思想性强，还是知识性强，都能对学生进行很好的思想教育、能力培养。《人无信不立》《身边的文化遗产》《孝心敬老，从我做起》《天下国家》等这些综合性学习，为了更好地表现主题，有时会运用多种形式，如讨论、演讲、辩论、朗诵、讲故事等书面表达和口语表达，又如唱歌、跳舞、书法、绘画、弹琴等才艺展示，再如写宣传标语、广告词、颁奖词等拓展练习。还有的综合性学习整个过程由学生做主体，在教师的指导下完成，这就要求学生还要写出精彩的串联词，然后教师点评、总结，使一堂综合性学习课达到增长知识、培养能力的目的。

当然，综合性学习这种课型的意义还不只以上这些，需要我们广大语文教师在教育教学实践中努力探索，大胆尝试，使综合性学习课落得更实，不断提高学生的语文能力，提升语文素养。

综合性学习课：话说千古风流人物

一、导入

滚滚长江东逝水，浪花淘尽英雄。古往今来，无数仁人志士用他们的勤劳和智慧，谱写了中华民族一个又一个辉煌灿烂的篇章。这节课就让我们在"话说千古流人物"的综合性学习中，走近这些熟悉的身影，评说他们的功过，感受他们的情怀。

二、活动内容

1. 理解风流的含义

（1）有功绩又有文采。如：数风流人物，还看今朝。

（2）指有才华而不拘礼法。如：风流才子。

（3）指跟男女情爱有关。如：风流韵事。

（4）指轻浮放荡。如：风流女人。

很显然，我们这里所说的"风流"应该是第一个义项。"风流人物"指建立很大功绩的、对我国乃至世界文明都产生过巨大影响的人。他们可以是政治家、军事家，还可以是在人类历史上有着重要意义的科学家、使臣，甚至是一些看似平凡的人，他们或是侠肝义胆的英雄，或是聪明过人的智者，或是才华横溢的文人，他们都堪称风流人物。那么你们心中的英雄人物、风流人物都是谁呢？你们如何看待他们呢？

2. 以小组为单位，开始活动汇报

下面就请同学们把各组准备的活动成果展示给大家，主要围绕以下几个环节：风流人物谁与争锋，丰功伟绩到处传扬。

3. 总结

几组同学为我们展示了活动成果，通过开场白、颁奖词、讲故事、诵读等形式，丰富了活动课内容，同学们在听、说、读、写各个方面都得到了锻炼。在同学们的精心准备、认真展示中，我们了解了我国历史上众多的英雄人物。面对这些英雄，我们怎能不心生敬意、怎能不为之感动。虽然他们生活的年代距离我们已经久远，但是他们的精神却是一笔宝贵的财富，激励着一代又一代有识之士为我们的民族不懈奋斗。正是这些风流人物，用鲜血、生命书写了我们的历史，创造了一个又一个辉煌。"江山代有才人出，各领风骚数百年。"希望同学们能够从这些英雄身上汲取精神力量，崇尚英雄，学习英雄，做有所作为的人。

《话说千古风流人物》活动课反思

结束了《话说千古风流人物》这节活动课，感受很多，启示很多。

一、有感于学生的收获

这节活动课，我决定给学生一周的准备时间。学生以小组为单位，每组人数不等。结合主题，各小组以自己喜欢的形式来展示主题。从整个准备过程来看，学生做了以下两方面的工作：

1. 查找资料

学生以小组为单位，围绕主题分别查找资料，从中筛选出有用的信息资料，进一步整理。这样，学生选出了中国古代十大风流人物并排序。

2. 准备工作

确定小组主持人，写串联词，写发言稿，为风流人物写颁奖词，选背景音乐等，学生们都做了精心准备。

这个过程是学生在教师的指导下进行，学生学会了怎样查找资料、文章，搜集信息，提高了写作能力、朗诵能力以及学生间的合作能力、协调能力等。实际上，这节课的教学目的在学生的准备过程中就已经达到了。学生在这节课中收获的不仅仅是知识的积累，更是能力的培养，在听说读写能力训练方面的收获远远超出了课堂45分钟。

二、有感于教师的收获

活动课作为公开课，对我来说是一种尝试，因为这种课型没有固定的课堂模式，但学生的表现着实让人惊喜。活动中串联词语言优美，各个环节衔接自然，形式新颖，给风流人物的奖项设计很有创意，如司马迁的"最佳敬业奖"等。最没想到的是学生的点评，准确、生动、得体，又不失幽默，给人留下深刻的印象。总之，从这节课学生的表现中，从他们的收获中，我更坚定了在综合性学习课中培养学生语文能力的信心。

1. 两点思考

（1）教师要给学生创造机会，充分调动学生的积极性，让他们主动参与到学习中，他们的潜力远比我们想象得大得多。

（2）在初中语文教学中，如何利用好教材这一资源，上好综合性学习课，如何在综合性学习课中培养学生的语文能力，是很值得语文教师研究探讨的课题。

2. 两点不足

（1）一节课的时间毕竟有限，本节课共有三组同学展示了学习成果，参与的人数有限，没能更好地达到面向全体学生的目的。

（2）由于课前没有检查，学生在展示过程中出现了读错字音、断错句的情况。另外，在表现形式上，没能更好地表现主题，这些都将在今后的教学实践中进一步改进，让学生不断提高、不断进步。

写作兴趣的激发，可有效提高写作水平

作文教学在语文教学中占有极其重要的地位。但是许多学生害怕写作文，提笔就抓耳挠腮，笔杆似有千斤重，半天写不出一个字，就是无话可说、无话可写。而这正是作文教学中迫切需要解决的问题。如何激发学生的写作乐趣，使学生下笔有神、善写作文呢？

一、消除心理障碍，激发写作自信

要使学生对写作感兴趣，首先应该让学生树立写作的自信，无论做什么事情，拥有自信心是非常重要的。要使学生树立起自信心，教师就要处处留心学生在作文中的每一点进步，比如一个好的开头、一个好的结尾、一个好的段落、一个好的句子……都应该给予表扬和鼓励，以此调动学生的写作自信。学生作文并不要求写什么轰轰烈烈的大事，只要把生活中的细微小事，通过文字表达出来，就是一篇优秀的作文。写作时让学生保持一种自由的心灵状态也是极为重要的，不要用太多的条条框框来约束学生的思想，情感所致，喜怒哀乐可以尽情地描写与抒发出来。教师要注意掌握学生作文的心理特点，从而帮助学生消除各种心理障碍，树立写作自信。

二、观察社会生活，力求写真写实

不少学生作文脱离实际，生编硬套，字词不够废话凑。如何改变这种现象呢？我们先来看峻青的《海滨仲夏夜》中的描写："夕阳落山不久，西方的天空还燃烧着一片橘红色的晚霞，大海也被这霞光染成了红色……"这段文字确确实实地描写了海上的晚霞，绝非别处，作者抓住了海滨仲夏夜的特点，用橘红色来形容晚霞，用"染成了红色"写海水的色彩，用"燃烧"一词生动地描绘了晚霞的情态。为什么峻青能把海滨仲夏夜的情景写得如此逼真、形象呢？因为作者以生活为写作素材，通过细致入微的观察、感受和思考，才把这一景色写活了。那么在作文教学中，我们应该鼓励学生全景式地扫描生活，用自己的眼睛、自己的心去理解、感受生活，挖掘生活中最熟悉的、最能打动心灵的宝藏。写真人真事，抒真情实感，必须寻到源头，这源头就是我们五彩缤纷的生活，让生活成为学生真正的创作源泉。

三、积累写作素材，激活写作热情

我国有着五千年灿烂的历史文化，在这取之不尽、用之不竭的文学宝库里,有许多脍炙人口的作品,如《西游记》《红楼梦》《三国演义》《水浒传》等,语言风格多变,内容深邃,意义深远,值得学生学习借鉴。因此,教师要引导学生多看适合他们年龄、阅历的书籍,无论是诗歌、寓言、童话还是小说,无论是古代的还是现代的,无论是文学读物还是科普读物,无论是中国作品还是外国作品。要求学生随身准备一个记录本,遇到好的名言佳句就摘录下来,随时积累写作素材。此外,教师要教会学生从生活中汲取原始素材,提醒他们留意身边发生的事情,学会评价、鉴赏美丑和善恶等。尽可能创造条件,带领学生走出教室,多了解社会,多接触大自然,使书本知识与社会实践相结合,这样学生不但会学习、能分析,而且见多识广,积累更多的写作素材。

四、练写随笔、积累素材,营造文学氛围

茅盾先生说:"应当时时刻刻身边有一支铅笔和一本草簿,无论到哪里,你要竖起耳朵,睁开眼睛,像哨兵似的警觉,把你所见、所闻、所为及所感随时记下来。"写随笔,就是给学生充分的自由,选材自由,命题自由,文体自由,只管写自己最熟悉、最感兴趣、印象最深的人或事,可议论,可抒情,可记叙,随心所欲,洋洋洒洒几千字不嫌多,点点滴滴几十字不嫌少,有话则长,无话可短。这样培养学生观察事物的兴趣和能力,他们写的内容起初比较简单,渐渐地视野不断扩大,从身边的小事写开去,写社会,写人生,内容会越来越丰富,班级的生活与风波,家庭的快乐与忧愁,社会见闻等,尽入笔底。有个别学生对校园做了细致观察,从景到人到事,连续写了校园

生活之一、之二、之三……在随笔里，我看到了学生的写作欲望和创作热情，不仅有话可说，而且真实、贴近生活。

五、多加肯定，少点批评

在批改学生作文时，要尽量肯定他们的优点，用委婉的话指出不足之处。有些学生的写作并不见佳，但在用词组句等方面有值得学习和借鉴的地方，也应给予赞扬。若是把学生作文评得一无是处，不仅会挫伤他们的自尊心，而且打击了他们的写作兴趣。

总之，在作文教学过程中，要努力激发学生的写作兴趣，进一步引导他们热爱写作。我相信，长期的坚持，做生活的有心人，多思考，多练笔，定能使学生在写作上有所收益。

考前作文指导一二

中考语文试卷满分120分，作文50分，几乎占据语文试卷的半壁江山。可以说，考场作文写得好坏往往决定了语文成绩的高低。

好多学生对作文都很打怵，特别是在最后冲刺阶段，认为作文是个慢功夫，因此平时很少练习写作，还不如做点儿理科题提分快，好多学生几乎不怎么复习语文，更不用说作文了。这样，越不写越不会写，越不会写越难写，只等到考场上硬凑，作文怎么能有质量呢？

其实，写作并不是一件很难的事，学生应该多多感受生活，并学会从生活中寻找写作素材。作文复习时要注意以下几个方面：

一、作文标题

从作文标题的形式上看，考场作文分命题作文，半命题作文，话题作文，材料作文。

（一）命题作文

命题作文，这是一种传统的、常见的作文命题形式。现在中考命题作文虽然规定了作文题目，但题目内涵丰富，呈现出多元化的倾向，考生有很大的发挥空间，可以议论，可以记叙，选择自己最擅长的体裁进行写作，并遵循写作的基本程序：审题——立意——选材——布局——表达，作文得分一定低不了。

1. 审题

认真审题，仔细阅读作文提示的内容，弄清楚写作要求。找准关键词，读懂标题词语的含义，像一些双关意义的词语等。

2. 立意、选材、布局

然后从整体上构建文章，即搭好文章的大框，文章的选材立意做到广中取小、以小见大。

3. 文体

要迅速确定文体。近几年来，作文淡化了文体，但并不是不要文体。要选择有利于展示自己写作水平的文体。从标题特点去看文体特点，记叙文要有记叙文的特点，议论文要有议论文的语言。记叙文要以情感人，议论文要以理服人。

4.语言表达

语言表达要鲜活,既符合文体要求,又有个性特点。写好命题作文的第一要点就是准确分析题目中的关键词,确定写作立意的侧重点,分析题目中隐含的意思。

(二)半命题作文

半命题作文,除了注意以上要求外,补题是关键。最好做到以"我"为中心,以"熟"为重点,以"小"为上策,要学会扬长避短。

(三)话题作文

话题作文的目的是鼓励创新,让考生在同一话题中心下陈述各自不同角度、不同立场产生的不同观点或联系的经历体验。这是一种既开放又有限制的命题方式,它与命题作文的区别是:话题作文只提示写作的内容范围,而命题作文大多提供一个中心意思;话题作文要求所写内容与之相关即可,而命题作文一般要求紧扣标题展开。要写好话题作文,首先要审清话题作文的内涵,审清材料提示、要求、内容、文体、字数等,然后拟好标题。文章标题如人的眼睛,炯炯有神的眼睛往往能引人注目,也就是俗话说的"题好一半文"。拟一个新颖别致的标题很重要,此外考场作文还要注意作文开头与结尾。

(四)材料作文

材料作文就是根据所给的材料完成作文,它与话题作文有区别,材料作文一定要用得上材料。要学会读材料、在材料中提炼观点。

二、写作内容

从写作内容上看，可以分为家庭生活、校园生活、社会生活，可以写自己的感情经历、成长经历、思想认识或者是社会热点等。家庭生活是作文中常见的内容，所以，像父母之情、手足之爱这样内容的作文是考生最有话可说的。校园生活中，每个人都会经历让人难忘的人或事，这些人或事有的让人感动、有的让人开心、有的让人难过、有的让人感慨……都会在你心底留下深刻的记忆，或多或少地影响着你。作文时，就从身边生活小事写起，要写出真情实感，只有自己被感动了，才能感动别人。

三、文体

从文体上看，主要有记叙文、议论文、说明文。文体是文章的体制规矩，每篇文章都要有自己的文体特征。考场作文给了考生选择文体的自由。近几年来，各地中考作文题目在文体选择和表达上都没有太大的限制，大多是与学生的生活、情感、愿望等密切相关，其出发点就是为了引导学生学会关注生活、关注社会，进而感悟人生。在考前的这段时间里，尽量不要去阅读有关写作理论方面的书，应该及时梳理一下自己的生活库存，看看哪些材料可以为哪些作文提供下笔的依据，也可以适当阅读一些优秀的文章，看看别人是如何运用你也有的材料，来写出感人的文章的。

四、考场作文的禁忌

考场答卷时，有的学生怕时间不够先写作文，这是非常不可取的。考场时间的安排都是很科学合理的，由易到难，是一个循序渐进的过程。我们现在至少有两个作文题目可选，要尽快确定下来题目，选自己拿手的文体，选自己有话可说的作文题目。特别是写话题作文的时候，一定要拟好标题。同时，要重视作文的开头和结尾。让自己的文章有亮点，用修辞句式等为自己的文章增色。考场作文的书写很重要，工整干净的卷面会给人一种赏心悦目的感觉，不乱涂乱改，不乱勾乱画，不写错别字。考场作文评分标准：一等文 50 到 59 分，感情要真挚，立意要新，构思要巧，语言要富有个性。四项当中只要有一项突出就能有机会获得一等文。卷面整洁，字迹美观酌情加分，错别字、标点用错酌情扣分。这些都是在考场上要特别注意的。

作文的主题一定要积极向上、思想健康，作文中抱怨的、发泄的情绪太多，一定会影响到作文的主题。所以，要在作文中反映出中学生积极乐观、蓬勃向上的精神风貌。

经过初中阶段的学习积累，我们已经掌握了一定的语文知识和生活知识，具备了一定的语文能力。坚持做好中考前最后的复习，一定能够提高作文水平、提高语文成绩。

风过群山花满天

——中考后总结

对于我和我们语文组的教师来说，当中考成绩公布的时候，最关心的莫过于我们的语文成绩是不是全市第一名。因为这四年，特别是初四这一年，我们老中青七人组合可以说是顶住压力，战胜困难，做了大量细致的工作，就是为了能够实现今年中考语文全市第一的奋斗目标。

这第一的成绩总算是对得起这几年的辛苦付出，对得起领导和同仁们的期盼。在此我代表原初四全体语文教师对过去的一年做一个简单的总结，希望能对新初四的语文教师有点儿帮助。

一、精诚合作，携手共赢

我们几个语文教师在一起合作很多年，相互配合很默契，备课、上课进度都能一致，习题、作业包括小考的内容也都一致，在平时的教学中也能及时发现学生的共性问题，并针对这些问题找出相应的解决办法，做到资源共享。

我们按照复习计划，从专项复习到综合复习。在这一过程中，始终做综合卷子，全批全改，找出存在的共性问题，然后找相关的训练题，再练再考。

我们尤其重视每次的月考试卷分析。出卷前我们会利用备课时间，把这阶段复习中出现的问题体现在卷子中，以检测一下学生复习掌握的情况。考试后我们会坐在一起详细地分析每道题，把问题汇总一次，再研究下一步的复习方案，复习的针对性很强，效果很好。

二、抓住教材拓展延伸

这几年的中考题和前几年不一样的地方在于课本的知识点越来越多，分值越来越大。如第一板块的基础知识积累与运用中，有汉字音形义的考察、文学文化常识的考察、古诗文默写的考察、古诗词赏析的考察、名著知识的考察、文言文和现代文的课内阅读知识的考察等。所以在复习时紧紧抓住教材这个思路是对的。六本教材复习两遍，第一遍详细复习，第二遍重点是对教材中的知识点反复背、反复考。这样进行强化训练，使学生教材中的分不丢，在扎扎实实巩固教材知识的基础上才能做好课外的文言文阅读、现代文课外阅读。

现代文阅读复习时，第一遍按教材详细复习，第二遍把教材中的现代文按体裁归类，分记叙类、说明类、议论类三大类，然后整理出各类文体知识点、考点以及答题对策。用这些文体知识点再指导课外阅读就容易多了。例如说明文阅读，先把说明文知识点整理给学生，有说明文的分类、说明文特点、说明顺序、说明方法及其作用、说明文语言等，然后在此基础上整理出说明文阅读常见的考点，有文章的说明内容；文章的说明顺序；文章运用哪些说明方法，有什么作用；文中加点词语能否删掉，为什么等，然后教给学生每道题的答题方法。这样训练多了，学生答题就熟练了。其他两种文体也这样训练，效果特别好。所以抓住教材是提高语文成绩的关键，量要积累到一定程度才能达到质的飞跃。

三、培优补差，大面积提高语文成绩

这一年来，我们注意尖子生培养，也十分关注后进生的提高。每周备课的时候，我们都要研究出具体的培优作业练习内容，结合复习进度和学生实际情况，在网上找练习题，每周一次专考专培，每周都有教师专门辅导，指导性、针对性很强，效果很好。

这一年来，我们初四语文组教师做的工作远不只这些，大家为了同一个目标无怨无悔地付出着、辛苦着，但快乐着。没有这些教师的努力，没有各班主任的高度重视、积极配合，也不会有今年这么好的成绩，在此特别感谢。最后，祝新毕业班的全体老师在校领导的指引下，2018年中考取得更优异的成绩！语文学科更上一层楼！

润物有声——育德篇

一个人能把一种职业做一辈子，有两种情况：一种是热爱，一种是无奈。我觉得我很幸运，因为，我属于前者。

钟情教育事业，笃行不倦

一个人能把一种职业做一辈子，有两种情况：一种是热爱，一种是无奈。我觉得我很幸运，因为，我属于前者。

我从站上讲台的那天起，就深深懂得：爱是通往教育成功的桥梁。正如著名教育家苏霍姆林斯基所说的："没有爱，就没有教育。"

我首先把对学生的爱建筑在自己对事业执着追求的基础上。我钟情教育，把满腔热忱都融进对教育事业的不懈追求中；我钟爱教师这一职业，把全部的精力都倾注在学生身上。三十多年来，我认真贯彻党的教育方针，模范履行教师职业，为人师表，敬业爱生，严格遵守教育教学法规，用良好的师德形象影响学生，用高尚的人格魅力感染学生，尽心育人，尽力教书，在九中这片沃土上默默耕耘着。

我坚信，把热爱自己的专业和热爱自己的学生结合起来的教师才是好老师。

作为一名语文老师，我热爱我所教的学科。我努力学习专业知识和新的教育教学理论，积极参加国家、省、市各级培训。2003年我参加了北京大学中学学科教师提高培训班的学习；2008年参加了省教育学院主办的初中语文教学评价技术培训班；2010年到江苏洋思中学参加江苏名校特色教育科研型教师培训；2014年又参加了"大数据时代背景下教师的专业发展"全国教师高峰论坛的学习。通过学习，我增长了见识，开拓了视野，更新了观念，每一次学习都有新的收获、新的提高。在教育教学活动中用新的思想去研究新教材，探讨新方法，解决新问题。我在教育教学领域中不断成长、不断进步，2006年被评为绥化市首届中青年专家，2012年被评为绥化市第二届优秀人才。

在教学过程中，我力求用语文教学去感化学生、影响学生，培养学生学习语文的能力，培养学生认识社会、了解生活的能力。因为我知道，语文课的意义不仅仅是教给学生某种知识与技能，更重要的是通过一篇篇凝聚着作者灵感、激情和思想的文字，潜移默化地影响一个人的情感、情趣和情操，影响一个人对世界的感受、思考及表达，并最终沉淀为他精神世界里最基本、最深层的东西——人生观和价值观。在语文教学中，我从课堂教学入手，向45分钟要质量、要效率，在课堂上充分发挥学生的主体作用，改变学生的学习方式，给学生留下理解消化和巩固的时间，并把课后的自主支配权还给学生，建立一种以学生为中心、以学生为主体的新型教学。结合实践，我撰写了课改论文《关于中学语文教学中主体参与的有效性》在《南北桥》上发表。

我教的每一届学生人手必备两个本：一个是积累本，另一个是练笔本。积累本用来积累、学习别人的东西，练笔本用来写自己的东西，至今从未间断过。四年下来，学生手里都有四五个积累本，写出的练笔最多的达到几十万字。学生从这一过程中的收获是受益终生的。

连续几届中考，我所教班级的语文成绩在全市都名列前茅。2017年中考，我校语文成绩位居全市第一名，平均分89.42分，我班中考语文成绩是96.37，优秀率58.33%，及格率100%。教学之余，我也笔耕不辍，先后在《活力》杂志上发表论文《写作兴趣的激发可有效提高写作水平》，在《语文课内外》上发表论文《中学语文学生表达能力的培养》。

作为教研组长，我带领大家认真进行教研活动，学习语文专业知识，学习每一次改版的教材大纲，抓好备课，定期开展每人一节课。教师之间相互学习，取长补短，共同改进，共同提高。

我积极组织本组教师，深入听课，悉心指导，帮助青年教师修改教案，找出不足，不断总结经验，使本组青年教师迅速成长，其中于海曼老师《敬业与乐业》一课在九中教学年会中获青年教师汇报课一等奖。为了准备我校语文论坛，我同本组教师研究到深夜，最终收到令人满意的效果，语文教研组被评为优秀教研组。2017年组织青年教师利用暑假认真准备、认真复习，在9月参加绥化市工会举办的职工技能大赛中获团体第一名。我积极组织各类语文活动，开展每年一次的钢楷比赛，规范学生书写，培养学生热爱祖国文字的情感，教育学生认认真真写字、堂堂正正做人。通过这类活动，调动学生学习语文的积极性，加强了他们的汉字书写能力。在2016年、2017年绥化市第三届、第四届汉字听写大赛中，我们学校获得了团体优秀奖，多名同学获个人奖。开展每年一次的作文大赛，以年组为单位，各班派出选手参赛，评出一、二、三等奖、优秀奖，学生的兴致特别高。在颁奖总结会上表彰优秀，获奖学生宣读获奖作文，效果很好。开展每年一次的"书香溢九中，好书伴我行"读书汇报会活动，每个班级都参与，然后优中选优组成综合节目，形式多样，有课文剧、古诗文诵读、演讲、说唱等。学生用自己喜欢的形式演绎着一幕幕古今中外的人间悲喜剧，汇报展示着读书心得，学生在活动中受益匪浅。

作为班主任，我热爱我的学生。自1992年接任班主任工作，至今已走过二十七个年头。二十七年的班主任生涯中，我遵循着"以人为本"的教育教学理念，真诚对待每一位学生。我觉得这种爱是一种智慧，更是一门艺术。我尤其重视学生思想品德的培养。人，最重要的是德行，这是立人之本。我利用班团会的形式充分发挥学科优势，在学生的不同阶段召开主题班会，进行爱的教育、思想品德教育、理想教育、爱国主义教育，效果显著。我还注重行为习惯的养成，教育学生做人要有爱心，做事要守规矩。因为我相信，在学校做个好学生，将来到社会才能做个好公民。二十七年来，我带的班级班风正、学风浓，学生思想进步、思维活跃、积极乐观、团结向上，不仅学会了求知，更学会了做人，学会了感恩。

2013年，我接了新的初一年级，在最短的时间里对学生进行了较为全面的了解。结合学生的实际状况，我确定了"抓两头，带中间"的管理模式，制订培优计划、帮带计划，使优秀学生优中取胜，使学困生不被落下。

首先是对优秀学生的培养。响鼓更需重锤敲，我不仅重视他们的学习成绩，还注重他们的品德思想以及各方面能力的提高，对他们提出更高的要求。我在班级、学校树立他们的榜样标杆，他们在各级各类活动中积极参与，并有出色的表现。学校运动会、艺术节都能看到他们的身影，即便在中考学习任务重、时间紧的情况下，仍能自组乐队并有精彩表现。

不抛弃、不放弃班级任何一个学生，所以在班主任工作中，我给予了学困生更多的帮助，及时发现他们身上的闪光点，给予肯定和表扬，使他们有信心对待学习、对待生活。中考前期，有的同学在努力了之后的月考中仍然没见到效果的时候灰心丧气了，我帮助他们及时找出问题，耐心细致地做好他们的思想工作，使他们看到希望，让他们在学习中有劲头、有动力。我也注意做好这些学生家长的思想工作，让家长有信心，和孩子一起坚持。每次月考有了进步，哪怕是点滴进步，我也会买来笔记本，写上鼓励的话作为奖励，使他们能够信心满满地为中考、为今后的人生努力拼搏。

有了优秀生的骨干带头作用，有了学困生在后面的不断推进，中间部分的学生往前看就有了榜样、有了前行的目标，往后看有了紧迫感、有了奋进的力量。班级学生学习成绩在年组名列前茅，在各项活动中表现优秀。2014年在绥化市第三届普通高中年会上，我班代表我校展示《唐诗里的中国》主题班会，反响热烈。

2016年12月，绥化市组织中小学国学经典诵读比赛，在初四毕业班时间紧、任务重的情况下，我班接受了代表九中参赛的任务。我组织学生认真准备，合理安排时间，学习和排练工作有条不紊。功夫不负有心人，经过大家的共同努力，荣获团体一等奖，学生也在参与中培养了良好的竞争意识，为实现自己的理想付出着，收获着。2017年中考，我班72人没有一个流失，全部报考，全部考入高中，平均分、优秀率、及格率都居全市第一，取得了可喜可贺的成绩。

二十七年班主任工作的无私付出和艰辛努力，我赢得了家长和学生的认可，受到了领导和社会的好评，也因此获得了一些荣誉：

2013年受到绥化市政府的嘉奖；

2013年被省教育厅评为中小学师德先进个人；

2014年被评为全市模范教师；

2015年再次受到绥化市政府的嘉奖；

2015年被绥化市政府授予劳动模范的称号；

2017年荣幸当选政协委员并进常委；

2018年荣获特级教师称号，并光荣当选省政协委员。

二十七年，在慢慢人生长路中转瞬即逝，但却是我生命中最灿烂的里程。这一路走来，我拼搏奋斗，执着追求，虽然苦过累过，但我始终幸福着、快乐着，因为我收获着。我深知，没有各级领导的支持和厚爱，没有同事们的鼎力相助，就不会有我今天的收获。

成绩只能代表过去。习近平总书记在十九大开幕式的报告中指出："青年强则国强。"我何其荣幸，可以在青年们成长的道路上做一名指路人。我愿意与学生一路前行，做好他们的指路人。只要我还能胜任这份工作，我就没有理由不去爱它，因为它已成为我生命中的一部分，我将用行动践行诺言：捧一颗心来，不带半根草去，钟情教育事业，笃行而不倦。

血脉中的家教国风

血脉中的家教国风是每个人都会产生共鸣的话题,因为我们早已为人父母多年,陪伴着我们的孩子褪去稚气、日益成熟,见证着他们从嗷嗷待哺的婴儿成长为一个顶天立地的大人。与此同时,在教育这件事上,我们相较于其他父母又有着更多的感悟与经验,因为我们从事着教师这一职业,每日与孩子们打交道,为人师表,传道授业,在他们性格形成的初期给予他们正确的认知和判断,帮助他们更加清晰明了地看待世界。所以,我们更加明白家教与家风对一个孩子的成长是多么重要,明白这所谓的"教"与"风"正是来自于一个家庭用心营造出的共识与氛围,来自于日常生活中的润物无声和耳濡目染。

在我国上下五千年的历史中,无数大家、学者都堪称家教的楷模,《孔子家训》《颜氏家训》《曾国藩家书》等许多典籍和家教典范中无不彰显出家风、家教和家训的精神。家教家风,是血脉相承的中华传统文化的重要组成部分，影响着一代又一代的中华儿女，推动着中华民族不断向前，是促进社会文明进步的正能量。

梁启超是一个令人十分敬佩的成功父亲。首先是他自己功成名就，其次又把九个孩子培养成国家栋梁，创造了"一门三院士，个个皆才俊"的家教传奇。所以不胜枚举的圣人先贤、家教典范中我选择了梁启超的成功家教来谈我对家教家风的粗浅的认识和理解。梁启超是我国近代思想家、政治家、教育家、史学家、文学家，一生致力于我国社会的改造，为了民族强盛和国家繁荣而竭力呐喊、四处奔走。除了对待国家、国事之外，梁启超教育自己的子女也有独到的方法。梁启超有九个子女，个个博学多才。长子梁思成是我国著名建筑学家，次子梁思永是著名的考古学家，三子梁思忠是毕业于西点军校的国民党军官，四子梁思达是毕业于南开大学的经济研究者，五子梁思礼是著名火箭控制系统专家，长女梁思顺为诗词研究专家，次女梁思庄为著名图书馆学家，三女梁思懿为社会活动家，四女梁思宁是新四军早期革命者。

谈及梁氏的家风与家教，便不能不从梁启超的早期教育谈起。他的祖父、父亲、母亲皆在其间发挥了重大作用。他的高祖、曾祖都是我国乡村中最常见的普通农民，到了他祖父这一代，"始肆志于学"，考取了秀才，使得梁家跻身于士绅阶层，成为受当地人尊敬的乡绅。梁启超四五岁开始读书，便是由祖父悉心指导。而父母是孩子的第一任老师，梁启超的禀赋以及所受到的教育，很多得益于他的父母。母亲是第一个教他识字的人。但我们所知道的她对梁启超的教育，只有六岁时责打一事。据梁启超回忆，他六岁时，记不得因为什么说了谎话，母亲发觉后，十分生气，把他叫到卧房，严加盘问。

母亲本来是慈祥的，终日含笑，很疼爱自己的孩子，但这时却是一副盛怒的样子。她命令梁启超跪在地上，竟"力鞭十数"，同时警告伏在膝下的儿子，如果再说谎，将来只能做盗贼或乞丐。而梁启超的学业根底、立身根基，都来自父亲的教诲。在梁启超眼里，父亲是个不苟言笑、中规中矩的人，在孩子们面前，总是十分严肃。作为父亲，他不仅督促儿子刻苦读书，还要求他参加一些田间劳动，言行举止也要谨守礼仪，如果违反了家风、家训，他决不姑息，一定严厉训诫。

梁启超继承了从父辈处获得的"义理"和"名节"，强调内心修养、精神陶冶和人格磨炼，同时融合西方现代教育所提倡的科学、民主、平等、自由等理念，用于子女的教育上，最终将九个子女培养成才。

以上种种带给我们的启示便是传承。家风与家教中的"家"，不仅指某一个时代的某一个家庭，而是一个连续的庞大的家族，经历几代人的积淀和努力，总结前世无数家庭的得失及经验，引领家庭或家族走向辉煌。我们的孩子是我们的翻版，而我们何尝不是我们父母的翻版呢？这一切都源于一种延续与传承，《孔子家训》《颜氏家训》等，都是人们为了让后代品行端正，防止儿孙误入歧途、走上邪路而制定的道德准绳和行为规范，这些规矩是非常宝贵的。正是得益于代代相传，才能够流传百世，警醒后人。小到家教，大到国风，都需要传承，才能将那些宝贵的国粹一般的文明和文化保护好并展现出来。家庭是一个社会最基本的单位，只有一个个家庭把良好的家风、家训传承下去，整个社会的文明才会传播下去。有的时候，前进的脚步过快，人便容易在浮躁之下丢掉道德和底线。习近平总书记强调："不论时代发生多大变化，不论生活格局发生多大变化，我们都要重视家庭建设，注重家庭、注重家教、注重家风，紧密结合培育和弘扬社会主义核心价值观，发扬光大中华民族传统家庭美德，促进家庭和睦，促进亲人相亲相爱，促进下一代健康成长，促进老年人老有所养，使千千万万个家庭成为国家发展、民族进步、社会和谐的重要基点。"当每一个小家庭都能以"温、良、谦、恭、让"和"仁、义、礼、智、信"为准绳要求自己，那么这个社会必将得到由内而外的净化和升华，必将完善新时代的道德文明新格局。家庭建设就是社会建设，家庭建设就是国家建设，不仅对于我国构建和谐社会具有现实意义，而且对世界各国和睦相处也有深远意义。

梁启超对九个儿女的教育，首先是基于父爱的教育。他喜欢给孩子们写信，也要求孩子经常给他写信。在他晚年，写信成为他关心孩子、与孩子交流沟通的重要方式。他事情很多，著作、讲学、办杂志、参与各种社会活动，因此很多信都是午夜之后写的，字里行间流露出一个慈父爱子的拳拳之心。由此可见，成功的亲子关系基于良好的沟通交流，我们要善于与子女做朋友。融洽的家庭关系能够使孩子乐于与家长交流心事，家长才能更好地帮助孩子成长。孩子的内心世界是丰富多彩的，也是瞬息万变的，如果不能及时予以关注和疏导，很可能会造成意想不到的后果。现代教育是将民主与尊重融于亲子关系中，融洽的关系更有利于家长将家教与家风传输给孩子，有利于家长将为人处世的态度和行为准则教给孩子。我们应该清醒地认识到，家教家风的形成，更多的是父母德行的深浅与素质高低，我们不能因为工作的繁忙而忽略家风、家教的养成、忽视对孩子的教育。要知道，孩子的成长只有一次，无法重新来过，家长要静下心来思索，怎么能让孩子拥有良好的家教。只有受到良好家风、家教的熏陶与感染，孩子才能成长为一个拥有完整人格与健康心态的人，而这些将会陪伴孩子一生，受益终生。无关乎事业是否成功、金钱是否充裕，重要的是孩子成长为一个善良快乐、对社会有贡献的人。

梁启超对待九个子女，不仅给予爱的怀抱与理解，还在为人处世方面予以悉心的教育和指导。梁启超曾说："人类心理有知、情、意三部分。这三部分圆满发达的状态，我们称之为三达德——知、情、意……孔子说：'知者不惑，仁者不忧，勇者不惧。'所以教育应分为知育、情育、意育三方面。"

首先是知者不惑。梁启超这样说："怎么样才能不惑呢？最要紧是养成我们的判断力。想要养成判断力，第一步，最少须有相当的常识；进一步，对于自己要做的事须有专门的智识；再进一步，还要有遇事能断的智慧。"谈及治学，他教育孩子们要细密而踏实，不贪图虚名，也不急于求成。他说："我生平最服膺曾文正(曾国藩)两句话：'莫问收获，但问耕耘。'"他认为，如果事事"有所为"，抱有太强的目的性，一切就会变得很无趣。他不希望孩子把求学当作一块敲门砖，一旦门敲开了，砖也就成了无用的东西。联想到今年的中考成绩，想到现在的家长对孩子的要求，其实语文学科是很适用于"莫问收获，但问耕耘"这句话的。语文学科是一个日久生情、厚积薄发的学科，是最考验综合素质的学科，为了得高分而学习语文的功利心是完全行不通的。所以我们要引导学生更多地阅读经典、感悟生活。

其次是仁者不忧。梁启超认为，"仁者不忧"就是要在生活中保持积极进取的态度。他最怕自己的孩子消极、气馁、悲观、忧郁，他有时会现身说法："你们几时看见过爹爹有一天以上的发愁，或一天以上的生气？我关于德性涵养的功夫，自中年来很经些锻炼，现在越发成熟，近于纯任自然了。我有极通达、极强健、极伟大的人生观，无论何种境遇，常常是快乐的。"要想做好这一点，着实有难度，豁达平和的心境是在岁月的洗礼和沉淀中慢慢获得的，成年人尚且需要历练，更何况我们涉世未深的孩子。而越是难，为人父母越是要给予孩子正确的指导，我们要给孩子树立正确的榜样，给孩子传递正能量，告诉他们不能因为受到这个世界的恶意中伤而对之充满敌意，有仁爱之心的人会用宽容来对待给他带来忧愁的人和事。泰戈尔说过："我们把世界看错了，反说它欺骗了我们。"我们要告诉孩子，这世界真的有回音壁，我们冲它呼喊什么，它便以什么回应。活着是一个修行的过程，越是不顺心、不如意，我们越要修炼自身，让自己静下心来，保持自己的本心。

最后是勇者不惧。梁启超认为，一个人如果是在"不惑""不忧"上下过一番功夫，那么，要做到"不惧"已非难事。但为保险起见，有时还需要一点儿意志力。要把自己的意志力锤炼得坚强一点儿，有两件事是必须要做的：第一件叫作心地光明，第二件则要练就抵御各种诱惑的本事。他也经常教育孩子们，一定要在磨炼意志上下一番功夫。他在写给孩子们的信中多次告诫他们："切勿见猎心喜，吾家殆终不能享无汗之金钱也。"

梁启超在拥有思想家、政治家、教育家、史学家、文学家这些头衔之前，他首先是个成功的父亲，他对孩子的教育，谈爱国，思报社会之恩；谈人生，从容面对生活；谈事业，尽自己力量做事；谈治学，把根基修得越厚越好；谈亲情，他中秋之夜在院里徘徊，望着月亮想孩子。他在性情、品格以及眼界、胸怀等诸多方面都高人一筹，他的家风与家教也都是从大处着眼、小处着手，他的九个子女亦如他一般将梁氏的精神代代相传。梁启超是名副其实的大师，大师之大，大在学术，大在德行，更大在精神。今天的我们，更应铭记传承大师"苟利国家生死以，岂因祸福避趋之"的家国情怀。大而化小来说，便是我们每个人、每个家庭都能够注重家风、家教的形成，将良好的家风、家教融入家庭的血脉中，只有将千家万户崇德向善的力量汇聚起来，才能使我们的国家日益强盛、繁荣。一屋不扫何以扫天下？立家教才能正国风，正国风方能传血脉。作为炎黄子孙，我们有责任、有义务将血脉中的传统美德世世代代地传承下去。

用爱心浇灌学生

俗话说，干一行爱一行。作为一名教师、班主任，怎样走进学生的心里，怎样发挥教师的人格魅力，这是值得我们每一位教师认真思考的。教师凡事要率先垂范，言行一致，要求学生做到的自己要先做到。在教育这片沃土上耕耘着，我们都渴望收获，我们都有着一个共同的愿望和信念，为了明天的满园芳菲，把爱献给学生。

一、关注学生

我们都希望得到别人的肯定和赏识，以此来确定自身的价值。正如美国心理学家詹姆斯所说："人内心深处强烈的愿望就是被人欣赏。"哪怕是表面什么都不在乎的学生都会有强烈的赏识需要，赏识别人需要我们有爱心，赏识别人也是一种美德，是一种给予，是一种快乐，是一盏明灯，不仅照亮别人，也照亮自己。培根说得好："欣赏者心中有朝霞、雨露和长年盛开的花朵；漠视者冰结心城，四海枯竭，丛山荒芜。"因此，教师不应吝惜自己的真诚赞美，对学生多一些赏识，多一些鼓励。爱就是心灵的倾诉与聆听，爱就是目光的注视与承接，爱就是温暖的问候与关怀。当我们心中有爱，当我们眼中有爱，当我们为迷失方向的学生点亮一盏心灯，他们便能走出心灵的沼泽，重拾勇气和信心，扬起理想的风帆。

二、以和为贵，与学生同乐

如果说"家和万事兴"，那么我想"师生和则教学兴"。在学生面前，我希望我的乐观积极能感染他们。无论是学校班级举行的文体活动，如艺术节、运动会、元旦联欢等，还是平时的课堂学习和课外活动，我都想方设法去努力营造和谐欢乐的气氛，拉近与学生的距离，也增强师生情谊。每一次活动我都尽量与学生一起，从组织准备开始，与学生一起参与其中。

三、一视同仁，不用成绩去评价学生

我始终认为，成绩不是衡量一个学生能力大小的唯一标准。在我眼里，每一个学生都有值得骄傲的地方，特别是在后进生面前，我耐心细致地与他们交流，希望能打消他们心底的自卑与不安。一位教育家说过："教师的微笑是阳光，可以融化学生心中的坚冰。"是的，教师的微笑能够驱散学生心中的乌云，能够增强学生的信心。微笑是失败者的阳光，期待者的北斗，跋涉者的期望，受挫者的慰藉。教师的微笑可以走进学生的心灵，能和学生和睦相处。

四、对学生公正、平等，师生间互相尊重

教师热爱学生并不难，难的是使学生体会、理解、接受这种爱，要爱得公正无私，要爱得令学生信服。在教育教学的过程中，我用足够的时间去了解、关心学生。其实有不少学生并不笨、也不差，只是在长期的学习中失去了信心而导致厌学。因此，我用大量的时间给他们辅导，耐心施教，恢复他们的信心，即使是微不足道的一点点进步，我也毫不吝啬表扬。

班主任工作二十七年，我记不清有多少学生接受过我的耐心辅导树立了自信，我也记不清帮助多少学生解决了生活中、思想上的问题。为了学生，我努力着、奉献着，也收获着、快乐着。作为班主任，我也许失去了很多，但看到我的生命在他们身上延续，我的梦想在他们身上实现，这不正是超越自身的永恒的生命力吗！

教师肩负着培养学生端正的学风、文明的言行、健康的思想的重任，要完成这一使命，最有效的途径是要热爱学生。教师对学生的爱是一种博大的爱，关注健康，引导行为，辅导学习，为学生的发展创造条件，为学生的进步高兴喝彩；教师对学生的爱更是一种深沉的爱，把爱埋在心中，在日常生活的平凡小事中，在看似无情的言辞中，常常融入对学生的良苦用心。人们常说，一生能遇上一个好老师是幸运的。这是对教师最好的赞誉。

加强中小学传统文化、革命文化教育，培养文化自信

在庆祝中国共产党成立九十五周年大会的讲话上，习近平总书记对文化自信特别加以阐释，指出文化自信是更基础、更广泛、更深厚的自信。文化自信成为继道路自信、理论自信和制度自信之后我国社会主义的第四个自信。

中华优秀传统文化博大精深、底蕴深厚，我们还有在中国革命、中国建设、改革发展的伟大实践进程中孕育出来的革命文化和社会主义先进文化，积淀着中华民族最深沉的精神追求，它是我们中国人的底气和骨气，是我们最深厚的文化软实力。

加强中小学生传统文化、革命文化教育，培养文化自信，正是在学生的成长道路上提醒他们、教育他们、培养他们，让他们在人生的开端有动力，遇到迷茫时学会坚持，遵循内心的道德法则，不忘身上的使命和责任。

现阶段中小学生普遍存在的问题是，一些家长和学校过多看重学习成绩，

而忽略了对学生应有的思想品德教育,致使现在有一部分学生过多注重自我、不讲公德、传统文化缺失、道德水平堪忧。为此,在中小学生中加强中华传统文化、革命文化教育,培养文化自信刻不容缓。那么,如何加强中学生中华传统文化、革命文化教育,培养文化自信呢?

首先是结合语文教材。2017年秋,语文教材改版,开始使用部编版的教材,作为教育改革的标志性学科,中小学语文教材"一纲多本"的时代正式终结。部编版教材更加注重学生语文学科素养的培养,语文学习被放到了一个更加重要的位置。部编版教材最明显的一个变化就是传统文化的篇目增加了,初中古诗文的选篇大大增加,共124篇,占所有选篇的51.7%;体裁多种多样,从《诗经》到清代诗文,从古风民歌、律诗绝句到诸子散文、历史散文,从两汉文章到唐宋古文、明清小说等,均有收录。革命传统教育篇目也占有很大的比重,这是一个宝贵的教育资源。所以,我们要充分利用好教材,结合教材内容,发挥语文课优势,对学生进行中华传统文化、革命文化教育,更好地培养学生的文化自信。例如七年级上第四单元中新编录进来的《诫子书》一文。在教学中,既要让学生了解文言文特点,积累重点词语等知识点,又要引导学生体会文章主旨,学会思考其现实意义。《诫子书》主要论述修身治学,强调淡泊宁静的价值。当今社会物欲横流,就初中学生来说也面对着各种干扰、各种诱惑,如何让学生做到立定志向、专心向学,也是每一个教师面临的课题。从这个角度来说,《诫子书》具有很高的教育价值,通过本文的学习,在学生内心埋下一颗宁静淡泊的种子,他们一定会受益终生的。初中教材都是编者们精心编选的经典文章,特别是精选的古诗文对学生进行传统文化教育,培养文化自信,定会产生很好的效果。

其次，结合学校的实际情况，编写出有自己特色的校本教材。以我校为例，从初一到初四，共四册校本教材，每册六个单元，每个单元有固定的内容。具体如下：

绥化市第九中学中华优秀传统文化诵读校本教材
初一到初四目录

初一年级

第一单元：远古余音

1. 百家姓

2. 三字经　王应麟

3. 笠翁对韵（节选）　李渔

第二单元：古风怡情

1. 桃夭　《诗经》

2. 荆轲歌　无名氏

3. 木瓜　《诗经》

4. 君子于役　《诗经》

第三单元：唐风古韵

1. 卖炭翁　白居易

2. 春江花月夜　张若虚

3. 秋夕　杜牧

4. 春雪　韩愈

5. 关山月　李白

6. 花非花　白居易

7. 中秋 司空图

第四单元：宋词流丼

1. 虞美人 李煜

2. 一剪梅 李清照

3. 丑奴儿·书博山道中壁 辛弃疾

4. 卜算子·我住长江头 李之仪

5. 浣溪沙·漠漠轻寒上小楼 秦观

6. 生查子·元夕 欧阳修

第五单元：革命华章

1. 采桑子·重阳 毛泽东

2. 沁园春·长沙 毛泽东

3. 七律·长征 毛泽东

4. 囚歌 叶挺

第六单元：美文荟摘

1. 再别康桥 徐志摩

2. 面朝大海，春暖花开 海子

3. 错误 郑愁予

4. 致橡树 舒婷

5. 荷塘月色 朱自清

第七单元：中考必背篇目

初二年级

第一单元：远古余音

1. 增广贤文 无名氏

2. 论语（节选）

3. 弟子规 李毓秀

第二单元：古风怡情

1. 七月 《诗经》

2. 九歌·云中君 屈原

3. 逍遥游 庄子

4. 满江红·小住京华 秋瑾

第三单元：唐风古韵

1. 蜀道难（节选） 李白

2. 蜀相 杜甫

3. 将进酒 李白

4. 登金陵凤凰台 李白

5. 从军行（其四） 王昌龄

6. 题菊花 王巢

7. 采莲曲 白居易

第四单元：宋词流芳

1. 满江红·怒发冲冠 岳飞

2. 声声慢·寻寻觅觅 李清照

3. 鹊桥仙·纤云弄巧 秦观

4. 定风波·三月七日 苏轼

5. 蝶恋花·庭院深深深几许 欧阳修

6. 虞美人·听雨 蒋捷

第五单元：革命华章

1. 水调歌头·重上井冈山　毛泽东

2. 浪淘沙·北戴河　毛泽东

3. 菩萨蛮·大柏地　毛泽东

4. 忆秦娥·娄山关　毛泽东

5. 我的自白书　陈然

第六单元：美文睿摘

1. 死水　闻一多

2. 赞美　穆旦

3. 让我怎样感谢你　汪国真

4. 我骄傲，我是中国人　王怀让

第七单元：中考必背篇目

初三年级

第一单元：远古余音

1. 朱子家训　朱柏庐

2. 道德经（节选）　老子

3. 史记（节选）　司马迁

4. 战国策（节选）

第二单元：古风怡情

1. 离骚　屈原

2. 硕鼠　《诗经》

3. 采莲曲　萧纲

4. 天净沙·春　白朴

　　天净沙·夏　白朴

　　天净沙·秋　白朴

　　天净沙·冬　白朴

5. 孔雀东南飞　无名氏

第三单元：唐风古韵

1. 滕王阁序　王勃

2. 乞巧　林杰

3. 赠卫八处士　杜甫

4. 送别　王之涣

5. 早梅　张谓

6. 金缕衣　无名氏

第四单元：宋词流芳

1. 永遇乐·京口北固亭怀古　辛弃疾

2. 蝶恋花·伫倚危楼风细细　柳永

3. 菩萨蛮·书江西造口壁　辛弃疾

4. 钗头凤·红酥手　陆游

5. 钗头凤·世情薄　唐琬

6. 诉衷情·当年万里觅封侯　陆游

第五单元：革命华章

1. 七律·人民解放军占领南京　毛泽东

2. 清平乐·会昌　毛泽东

3. 水调歌头·游泳　毛泽东

4. 卜算子·咏梅　毛泽东

5. 梅岭三章　陈毅

第六单元：美文睿摘

1. 预言　何其芳

2. 故都的秋　郁达夫

3. 道士塔　余秋雨

4. 我的祖国

第七单元：中考必背篇目

初四年级

第一单元：远古余音

1. 颜氏家训　颜之推

2. 论语（节选）

3. 资治通鉴（节选）　司马光

第二单元：古风怡情

1. 劝学　荀子

2. 氓　《诗经》

3. 师说　韩愈

4. 阿房宫赋　杜牧

5. 赤壁赋　苏轼

第三单元：唐风古韵

1. 琵琶行　白居易

2. 锦瑟　李商隐

3. 赠别　杜牧

4. 寄扬州韩绰判官　杜牧

5. 观猎　王维

第四单元：宋词流芳

1. 蝶恋花·春景　苏轼

2. 雨霖铃·寒蝉凄切　柳永

3. 鹊桥仙·纤云弄巧　秦观

4. 扬州慢·淮左名都　姜夔

5. 菩萨蛮·人人尽说江南好　韦庄

6. 书愤　陆游

第五单元：革命华章

1. 蝶恋花·答李淑一　毛泽东

2. 七律·至韶山　毛泽东

3. 七律·和柳亚子先生　毛泽东

4. 清平乐·六盘山　毛泽东

5. 念奴娇·昆仑　毛泽东

6. 十六字令三首　毛泽东

第六单元：美文撷摘

1. 雨巷　戴望舒

2. 大堰河——我的保姆 艾青

3. 热爱生命 汪国真

4. 月是故乡明 季羡林

第七单元：中考必背篇目

内容由浅入深，自成体系，并纳入课表，安排课时。

利用好部编版教材和学校校本教材，可以加强学生对传统文化、革命文化的认知。他们会通过诗词歌赋增加审美意识，他们会通过历史典故懂得人文精神，他们会为我们的祖国拥有如此深厚的历史文化而骄傲，并增强传承传统文化的责任感和使命感。更重要的是，这些篇章的学习与背诵，一定会随着时光的流逝，内化为他们的世界观、人生观、价值观，潜移默化地提升他们对世界万事万物的认知能力。他们会因此变得更加稳重、理性、自信、智慧，有成熟的思想，有宽阔的胸襟，有自如的谈吐，有儒雅的气质。

十九大报告指出："文化自信是一个国家、一个民族中更基本、更深沉、更持久的力量。"我们要在教育教学中深入挖掘中华传统文化蕴含的思想观念、人文精神、道德规范，在加强对中小学传统文化、革命文化教育中，培养文化自信，让中华文化展现出永久魅力和时代文采。

树教师新形象

百年大计，教育为本，可见教育在社会发展中的地位。随着社会的不断发展，教育越来越发挥出了巨大的作用。时代的进步主要靠人才的推动，卓越科技成果的取得、尖端领域内的重大突破等都离不开知识、离不开文化，而这些知识和文化的传播与发扬都离不开教育事业。

我们已迈进了一个新的时代，对教育的要求必然有一个大幅度的提高。在教育中教师是一个最不容忽视的因素。要适应新时代的发展，教师的素质必然要提高，只有教师队伍的整体素质提高到一个新水平，教育才能有效地开展并得到进一步的提高。

为了培养适应新时期新形势下的新型人才，教师首先要树立新的形象。因为教师的形象不是个人的私事，他是要参与到教育的整个过程的。作为教师首先应该明确自身的职责。教育家夸美纽斯说："教育的任务是用自己的榜样来诱导学生。"孟子把"得天下英才而育之"视为人生的三大乐事之一，这正是作为教师的骄傲，也是育人教书的乐趣。人非生而知之者，知识和经验来源于后天的培养，教师有责任使他的学生在各个方面都得到发展和提高。

要爱岗敬业，作为教师首先要把对教育的爱建筑在对事业执着追求的基础上，把满腔热忱都融进对教育事业不懈的追求中，认真对待自己的选择，这不仅是对自己负责也是对社会负责。如果说教育是永恒的诗篇，那么对教育这诗篇的热爱就来自于教师对岗位的热爱、对学生的热爱，没有这种爱，就没有教师奋进的力量。

要不断地学习，提高自己的思想道德素质和科学文化素质。徐特立先生说过："教师要有两种人格，一种是经师，是做学问的；一种是人师，是教行为的。"这应该是现代教师应当具备的。教师首先要加强师德建设，加强自我修养；其次要认识到现代信息社会，如果没有过硬的技术本领，终将被社会所淘汰。新时代的教师不再是以往那种教条式的教师，而是知识面广、专业精的高素质人才。因此教师要学习理论知识，掌握现代化教学手段，不断地完善自己、提高自己，真正承担起新世纪教师的职责。只有不断学习，才能使我们的思维敏捷、才干增强，只有我们胸中有如海的知识，才能自信地教授学生，授之以鱼更授之以渔。

作为教师还要乐观豁达，心态平和，宽容大度，有较强的耐心，对生活、对前途充满自信心。教师肩负着培养祖国下一代的重任，必须具有良好的心理素质。教师与学生朝夕相处，一举一动都影响和感染着学生，如果一位教师只具备渊博的知识，没有健康的身体和心理，那也不是一位称职的教师。如今教师的工作节奏快，竞争激烈，时常面临着巨大的心理压力，如果没有一个积极乐观的心态和较强的耐挫能力，就不能很好地解决工作生活中遇到的困难。所以要善于克制自己，要宽容大度，本着公正的原则，全面观察和评价学生，对于学生的不足之处和成长过程中出现的问题，给予必要的理解和帮助，这样才能使教育取得最佳效果。

教师还要有较强的竞争意识和积极创新精神。在这样一个充满竞争的社会，一个没有竞争意识的人无异于一潭死水。拥有了竞争力，再加上坚定的自信心，就可以派生出远征的持久力、对环境的调适力、对人际的黏合力、对灾难的承受力、对障碍的突破力、对未来的展望力。在教学实践中，还要具有较强的创新思维，在借鉴过去的教学经验和方法基础上，积极探求新的教学方法，使学生自觉掌握知识、发展自己的思维。

此外，教师还要注意自己的外在形象，如着装打扮、生活习惯、语言修养等，都应该符合教师的身份和职业要求。这样，一个内在高素质、外在形象好的教师就展现在了学生面前。

总之，教师形象是由人格、学识、感情、修养、情趣、能力、语言、风度等多方面因素构成的，是内在精神与外在形体的高度结合。作为新时代的教师，就应在思想道德、品质修养、知识水平、业务能力以及身心健康等方面不断的充实与提高，这样才能塑造出适应新世纪发展的新型人才。"千教万教教人求真，千学万学学做真人。"教师，这个被黑格尔说成是"孩子们心中最完美的偶像"，将在今后的教育教学活动中，尽心育人，尽力教书，做优秀的人民教师。

今天，我们如何做教师

当片片雪花摇落了最后一张日历，我们又迎来了新的一年。面对瞬息万变的世界，面对日新月异的社会，面对飞速发展的高科技，面对迎面而来的新一轮教育教学改革，教师面临着这样一个挑战：今天，我们如何做教师。

有人说，教育的成败由观念左右，水平的高低靠理论支撑。今天的教师应当积极适应素质教育要求下的角色转变，不断地充实提高自己，实现自身的持续发展。这是新时代为人师表的重要内容。

新时代教师要努力走在学生的前列，要不断学习教育教学理论，学习新的课程标准，认真领会新课标精神，使自己的思想随着时代发展而不断进步，端正我们的人才观、教育观、学生观、教师观、质量观，坚持以学生为本、以学生发展为本的思想，面向全体，关心每一个学生，用发展的眼光看待学生，促进学生的健康成长，做学生成长中的引导者，做学生发展中的领路人。给学生一些权利，让他们自己去选择；给学生一些机会，让他们自己去体验；

给学生一些困难，让他们自己去解决；给学生一些问题，让他们自己去寻找答案。使我们的学生有"天生我材必有用"的自信，有"不用扬鞭自奋蹄"的激情；有"咬定青山不放松"的坚定；有"直挂云帆济沧海"的抱负，更好地适应社会的发展。

教育是事业，事业的意义在于奉献；教育是科学，科学的价值在于求真；教育是艺术，艺术的生命在于创新。对教师而言，修养是教育的载体，境界是教育的起点，人格是教育的风帆。苏联教育家苏霍姆林斯基在《给教师的建议》中曾说："我们每一位教师都不是教育思想的抽象的体现者，而是活生生的个性，他不仅帮助学生认识世界，而且帮助学生认识自己本身，这里起决定作用的是学生从我们身上看到什么样的人。"对学生来说，教师应当成为他们精神上的榜样，这样才有道德上的权利来教育学生。

教育的新形势迫切要求教师提高自身素质，加强师德修养，满腔热忱、平等对待每一位学生，要有爱的情感、爱的行为、爱的艺术。爱是一种责任、一种尊重、一种鞭策；爱是一种能触及灵魂、动人心魄的教育过程。让我们用敬业爱生的真挚感情去教育学生，帮助他们在内心深处产生真、善、美的、积极向上的欲望，健康发展起来。

今天我们所处的时代与以往不同，以计算机和网络为代表的当代信息技术正以惊人的速度改变着我们的生活方式和学习方式，能否适应数字化生存的新环境，成为每个人能否进入信息时代的通行证。教师除了要具备精湛的专业技术外，还要掌握现代信息技术以更好地为教学服务。

总之，我们今天要与时俱进，在纵向上有深度，在某一学科"居高临下"，课堂教学让学生如沐春风；在横向上有广度，相关领域里引人入胜，教育活动让学生如鱼得水；在品格上有风度，为人处世间，师生交往中，让学生充满希望。这样，学生就能从我们身上感受到师长的温暖，看到知识的光芒，领悟到人生的真谛。今天，我们应该做这样的教师。

如何组织好主题班会

主题班会是班主任向班集体进行教育的一种常规的教育形式，对于一个班级，良好的班风和学风的建立、行为习惯的养成、学习和生活品质的培养、自我管理能力的提高，都起着十分重要的作用。一堂成功的班会，除了具有上述作用，还有能够充分调动学生的理智与灵性、震撼心灵的作用。几年来，我们花费了大量的时间和精力去探讨研究，下面是具体做法。

一、班会主题的确定

确定班会主题的方法很多，主要可以从以下几个方面入手：

1. 根据思想品德教育的需要确定主题

爱国主义教育、思想品德教育是学校德育工作的主要内容，对初中学生的教育应该从大处着眼、小处入手来确定班会主题。我曾在初一年级开学后

不久，召开了《妈妈，我爱你》主题班会，意在从基础抓起，逐渐养成学生良好的思想品德和爱国情感。从爱妈妈开始，去爱同学、爱老师、爱集体、爱家乡，爱的层次一个阶梯一个阶梯地上升，爱的情感一步一步地升华，由爱妈妈之情升华为爱国之情，效果显著。

2. 根据重要的时间确定主题

一些重要的纪念日，如劳动节、党的生日、国庆节、环保日、读书日等，都可以确定主题。在五月的第二个星期日，可以召开《母亲节，我们馈赠什么》《康乃馨，母亲的心》等主题班会，让学生懂得回报母亲应该用实际行动，从而激发他们刻苦学习、努力奋发、积极进取的精神。"七一"确定《唱支新歌给党听》等热爱中国共产党这一内容的主题，回顾我党走过的艰难路程，使学生认识到中国共产党在中国革命中的中流砥柱作用，从而更加坚信党的领导，热爱中国共产党。

3. 根据不同时期学生不同的心理特点确定主题

就教育阶段来说，学生的初中阶段被称为少年期，是童年的继续又不同于童年期，向青年初期发展又与青年初期有区别。这一时期是学生身体发育生长的高峰期，如果说初一阶段还比较稳定的话，那么初二阶段就会出现许多心理波动，这一时期被称为心理忧虑期。到了初三，是身体发展基本成熟期。根据以上的特点，可以确定每年一主线的系列主题班会：初一可以确定为《我爱我班》《做合格的中学生》等，进行集体主义教育，完成小学到初中的过渡；初二以如何做人为主线，完成少年期到青年期的过渡，确定《塑造健全人格》等主题班会；初三以理想教育为主，并把世界观、人生观、价值观融入其中，使学生树立正确的世界观、人生观、价值观，可确定《让人生闪光》等主题班会；初四则以成人成才教育为主，确定《励志成材，报效祖国》主题班会，对学生进行树立远大理想、立志为国拼搏的教育。

当然，确定班会的主题还不局限于这些，还可以根据班级的具体情况确定。例如期中考试过后，有的学生成绩不理想，又苦于找不到适合的学习方法，可以召开《给你一个点金术——学习方法指导》主题班会，在班会上解决学生在学习中遇到的问题，也能收到理想的效果。

二、形式的选择

形式是为内容服务的，选择什么样的形式都应该照顾到主题。通常情况下，可以运用以下几种形式：

1. 教师主讲

我们曾经反对过教师一言堂，但是相对于学生不熟悉、不了解的有关规定、学校要求等，应该让学生对其有清晰的认识，这样才能认真按照要求去做。如新生入学后的第一个班会，要让学生了解九中的校史以及学生一日生活常规等，了解学校对新生提出的具体要求等，这就需要班主任主讲。教师逐条解读，并逐一提出具体要求，使学生能够严格按照要求去做。

2. 交流

当学生在学习上、生活中、情感上产生困惑或遇到困难的时候，可采用这种形式。例如，如何和异性相处的问题，围绕这个主题，学生相互交流，最终明白了道理，又易于接受。

3. 辩论会、讨论会

话不说不通，理不辩不明。对学生有争议、有分歧的问题广泛展开讨论、辩论。例如，在和父母相处的问题上召开《理解应当是双向的》主题辩论会，使学生最后形成统一的认识，达到班会的目的。

4.综合使用几种形式

有时为了更好地表现主题，把几种形式综合到一起，班会效果会更好。根据主题需要，适当地运用演唱、舞蹈、朗诵、演讲等形式，起到烘托气氛、突出主题、更好地展示内容的作用，以取得语言所无法替代的艺术效果。例如《历史的提醒》主题班会，班会开始前，播放歌曲《松花江上》创设情境，引起学生共鸣。总之，无论采取什么样的形式，都要气氛热烈，以给学生打下深刻的烙印。

三、班会的准备过程

一节班会能否达到预期目的，关键是准备过程，包括教师的准备、学生的准备。教师的准备包括主题班会中主题提出的设想、主题目的意义的准备、过程具体步骤的准备，这一过程就是教师的备课过程。还要写出精彩的串联词，能打动人、提升人的班会总结等。学生的准备包括材料准备、道具准备、心理准备等。就班会意义来说，从准备班会时起，就已经开始了。班会的准备过程，就是学生受教育的过程，这一过程又很好地培养了学生各个方面的能力。最后是班会的实施。

总之，班主任充分发挥主题班会在学校德育中的作用，会收到事半功倍的效果。愿主题班会这一教育形式能像一缕春风，为头绪繁多的班主任工作带来一丝新意，增添一抹亮色。

诵优美唐诗，爱伟大中国

——《唐诗里的中国》班会案例

一、主题设想

中华优秀传统文化是中华民族的精神命脉，是涵养社会主义核心价值观的重要源泉。习近平总书记指出："中华优秀传统文化已经成为中华民族的基因，植根在中国人内心，潜移默化影响着中国人的思想方式和行为方式。今天，我们提倡和弘扬社会主义核心价值观，必须从中汲取丰富营养。"总书记还强调要围绕立德树人的根本任务，将中华优秀传统文化融入到启蒙教育、基础教育等各领域，以弘扬爱国主义精神。中华优秀传统文化教育是学校德育教育的重要内容之一，引导学生了解中华优秀传统文化的历史渊源、发展脉络，深刻理解其思想内涵，增强学生文化自觉和文化自信是每一位教育工作者，特别是班主任教师的责任。在奋力实现中华民族伟大复兴的今天，引导学生继承和弘扬传统文化尤为重要。因此确定了《唐诗里的中国》这一主题，目的是通过本次班会，让学生在诵读中感受唐诗之美，感受唐诗里的中国之美，从而激发学生对中华优秀传统文化、对伟大祖国的热爱之情。

二、形式设想

考虑到初二学生这个年龄段的身心特点，如果班会只用诵读这一种形式会很单调，所以我设计安排了歌舞、配乐诗朗诵、演讲等多种多样的形式，既让学生容易接受，又给了他们展示才华的机会。

三、实施过程

1. 准备过程

主题班会的准备非常重要，不论是教师的准备还是学生的准备，因为任何一节班会就其效果来说，从准备时起就已经开始了。我对学生明确了本节班会的要求，这是一节代表绥化九中参加市直高中教育教学年会的班会，我不失时机地教育学生要认真准备，要给九中争光等。从学生的表现看，我觉得我抓住了这个教育契机，收到了很好的效果。我和学生一起研究班会方案，让他们积极参与到整个活动中。

学生利用课余时间找来大量的诗词，然后根据班会需要进行分类，他们表现出空前的热情，认真完成各自的任务，诵读的学生，为了更好地把握作者的思想感情，诵读出最佳效果，反复查找资料，认真揣摩。主持人精心准备串联词，不管是舞蹈动作的编排、服装的选定，还是道具的使用、课件的制作，在整个班会准备过程中，学生都很用心、很努力，充分体现了班集体的凝聚力和战斗力。

2. 具体过程

在优美的音乐中主持人上场宣布主题班会开始，并导入。

第一版块：感受唐诗中的秀丽山川之美。我选定了八名学生来诵读。这组唐诗都是描绘祖国大好河山的精美诗篇，洋溢着作者对秀丽山川的热爱和赞美之情，感情基调是欢快的。我选择了节奏感很强的音乐，使学生在轻松愉快的氛围中感受到唐诗中的景色之美。

第二版块：民风民俗的文化之美。这组唐诗集中了我国春节、清明节、端午节、中秋节、乞巧节等中华传统节日。这些节日凝结着中华民族的伟大精神，承载着中华民族的血脉和思想精华。曹琦等几名同学的诵读激发了其他同学热爱传统节日的热情，再加上常艺鑫同学冷静而深刻的小结，引发了大家对如何守住传统节日、守住民族的根的思考。

第三版块：感受唐诗中的情感之美。在赵风实、刘奕岑等同学的深情诵读中，我们感受到了唐诗中无论是亲情、友情，还是爱情，都是人间最美情，都值得我们用心去珍惜、去呵护。朴美妍同学的小结更是让唐诗这种美扑入面、沁入心。

第四版块：由佟世兴、崔钊源等同学诵读的体现壮士之美的一组唐诗。这六个大男孩的表现特别出色，他们很好地把握住了作者的思想感情，并通过诵读把这种强烈的情感很好地诠释了出来。张松瑞同学的小结很有气势，听了让人震撼。

为了丰富班会的表现形式，我在这四个版块中穿插了姜思彤、李雨芙同学的舞蹈，并由常艺鑫古筝伴奏、李忻霏同学演唱，起到了烘托班会主题的作用。接下来的环节是王泽一同学的配乐朗诵《唐诗里的中国》。王泽一同学的声音温雅磁性，张弛有度，使班会的主题进一步升华。这时我趁热打铁，安排了孟祥炜同学的演讲。孟祥炜同学声情并茂的演讲引起了大家的共鸣，极具感召力，把班会推向了高潮。最后在优美的歌曲《读唐诗》中，六个书童模样的女孩手拿大扇随歌起舞。同学们在这优美的歌舞中再次感受到了唐诗之美、唐诗里的中国之美，升华主题，在富有情感的主持词中结束了本次班会。

3. 后记

《唐诗里的中国》主题班会结束了，收到了很好的效果，得到了领导、老师、家长的好评，学生也沉浸在无比的喜悦之中。相信这节班会也一定会在他们心中留下深刻的印象，而班会本身带给他们的影响也将是深远的。本次班会极大地激发了他们的诵读热情，我利用晨读时间又找来了大量的作品，让学生背诵，为他们高中的语文学习奠定良好的基础。更重要的是本次主题班会活动促进了学生思想的内化与提升，并外化为自觉的行动。可以说，班会这种教育形式是班主任在班级管理和学生的德育教育中最有效的一种途径。

《唐诗里的中国》主题班会详案

姜思彤：尊敬的各位领导老师！

荆士诚：亲爱的同学们！

合：大家好！

姜思彤：滔滔江河水淹不尽浩浩中华魂。

荆士诚：巍巍昆仑山锁不尽阵阵中华风。

姜思彤：在爬满甲骨文的钟鼎之上，读祖国童年的灵性。

荆士诚：在缀满诗歌的大地上，读祖国壮年的成熟。

姜思彤：唐诗生于唐朝，唐朝生于中国，中国拥有世界上独一无二的唐诗。

荆士诚：它用凝练的语言表达丰富的情感，它是中国文化的珍宝。

姜思彤：不管时间怎样流逝，唐诗都会影响着每一个中国人。

荆士诚：让我们一起走进浩如烟海的唐诗，去感受云蒸霞蔚的美丽中国。

合：绥化九中初二五班《唐诗里的中国》主题班会现在开始。

姜思彤：一个王朝需要一种文化来承载它的辉煌足迹，唐诗就是大唐气象中最好的赞歌。

荆士诚：一缕清风，一轮明月，一曲离歌，一场春雨，都是诗人发自内心的吟唱。这古朴率真的吟唱，穿越了千年的风烟，至今还在我们耳边回响。

姜思彤：轻轻打开地图，第一眼看到的是华美的多彩中国，蔚蓝的大海，金色的沙滩，悠悠古道，弯弯江河……

荆士诚：青山绿水美如画，江花似火艳如霞。

姜思彤：让我们走进唐诗，欣赏唐诗中秀丽山川的景色之美。请欣赏由郭艺铂、宋禹桥等同学带来的一组唐诗。

《鸟鸣涧》宋禹桥

《人人尽说江南好》佘宣瑶

《忆江南》田梦轩

《独坐敬亭山》姚池

《画》杨峻博

《早春呈水部张十八员外》张松瑞

《钱塘湖春行》李佳承

郭奕铂小结：唐诗，它是一粒种子，把根扎在地下；它是一道彩虹，汇聚地上的雨露，凝成天上的锦绣。读美丽唐诗，我们看到了桃红柳绿、鸟语花香，看到了彩云追月、北雁南飞，看到了白马秋风冀北，也看到了杏花春雨江南，看到了大漠长河落日，也看到了小河流水人家，看到了天涯处处有芳草的绚丽美景，也听到了一江春水向东流的浩浩之声。行走在美丽的唐诗里，我们摘春华泡酒，听夏夜浅唱，赏温柔秋日，寻冬雪腊梅，尽享祖国锦绣美景，心中升起的是对伟大祖国的无限热爱，我爱唐诗，更爱中国。

姜思彤：床前的月光，窗外的雪，高飞的白鹭，浮水的鹅。

荆士诚：唐诗里有画，唐诗里有歌，唐诗像清泉，流进我心窝。

姜思彤：风光秀美、人杰地灵的古老中国，孕育了瑰丽的传统文化。大漠收残阳，明月醉荷花，广袤大地上多少璀璨的文明还在熠熠闪烁。

荆士诚：人民勤劳，五十六个民族相濡以沫。东方神韵的精彩，人文风貌的风流，千古流传着多少美丽动人的传说。

姜思彤：中国的千年文化、民风民俗是历史为我们留下的珍奇瑰宝，让我们跟随常艺鑫、曹琦等同学去感受传统文化之美。

《岁除夜》陈政霖

《清明》李志博

《端午》李昕

《天竺寺八月十五夜桂子》李佳

《九月九日忆山东兄弟》李禹奇

常艺鑫小结：一个民族得以持续发展，一个重要的原因是这个民族具有属于自己的传统文化。中华传统节日凝结着中华民族的精神，承载着中华民族的血脉和思想精华。它是根，它是魂，它是一条滋养人类文化的生命河流。这条河，流淌亿万年而生生不息，它伴随着人类的出现而诞生，也将随着人类的足迹一直激情豪迈地流淌下去。置身于这片文化热土上，你是否关注过这片土地？不管你是否留意，其实这片土地的过去、现在和将来都与我们每个人休戚相关。它值得我们停下匆匆的脚步，等一等落在后面的灵魂，值得我们深入思考、细细品味。文字承载历史，历史是一面镜子，一个民族、一个国家都离不开传统文化的滋养和哺育。离开传统文化，人的精神就成了无本之源，守住传统文化就是守住我们的根。我们要传承民族文化，保护传统节日，因为这厚重的文化精髓，将永远是我们中华民族前行道路中的灯塔。

荆士诚：清明的细雨，三月的风，五月的端午赛龙舟。唐诗里有月，唐诗里有酒，唐诗里有传统的民俗风，请欣赏舞蹈《诗韵》。

《诗韵》舞蹈

姜思彤：在唐诗中，有一种美，无论是痛彻心扉、曾经沧海，还是谆谆叮咛、泪眼婆娑，都是美轮美奂、沁人心脾。

荆士诚：诗海中，掬起一朵浪花，折射出一个个美丽的世界，勾起了我们内心深处诗情的无眠。

姜思彤：我们在这美丽的世界里，完成了生命情感的又一次体验。

荆士诚：让我们在赵风实、刘奕岑同学的深情诵读中去感受唐诗中的情感之美。

《无题》刘奕岑

《夜雨寄北》张桐硕

《游子吟》薛筱彤

《回乡偶书》刘焰辛、霍思源

《赋得古原草送别》赵风实

《赠汪伦》魏子博

朴美妍小结：有人说，唐诗是一副工笔的花鸟、写意的山水画卷，灵气而耐看。但我要说唐诗是一罐酒，引天上来的黄河水，吸日月江河之精华，蘸几滴边塞征人泪，切几片少妇回首时烟波的忧愁，让贵妃素雅的手封装，包裹上宫廷的霓裳羽衣，然后撒上千树万树的梨花，埋在时间的尘土之下，千年后的今天我们打开，情，扑面而来，满纸，满眼，满怀。

姜思彤：相思的红豆，远去的帆，夕阳下的游子，异乡的客。

荆士诚：唐诗里有苦，唐诗里有乐，唐诗像祖先在向我诉说。

姜思彤：徜徉在美丽的诗句里，沐浴在爱的光辉中，每一份真心的表达就是人间最美的镜头。

荆士诚：每一个精彩的瞬间都能掀起情感的波澜，请欣赏李昕霏的独唱《烟花三月下扬州》。

《烟花三月下扬州》歌曲

姜思彤：大唐的风骨铸就了唐诗的气度。

荆士诚：唐诗的气度影响了中华民族。

姜思彤：我们的祖国养育了无数仁人志士，他们用热血铸就了民族精神，他们用生命谱写了壮丽的报国诗篇。

荆士诚：请欣赏佟世兴、崔钊源等同学带给我们的壮士之美。

《塞下曲》李健庚

《从军行》张济哲

《满园》张圣轩

《闻官军收河南河北》郑雯天

《少年行》崔钊源

《出塞》佟世兴

张淞瑞小结：时光流逝，岁月更迭，多少沧海变桑田。唐诗像一张名片，挂在中国人的胸前，印在中国人的心间。在浩瀚的诗歌中，我们看到一代又一代的爱国志士用血、用泪、用生命谱写着舍生取义的诗篇！我们汲取着古人的爱国思想，体验着古人的爱国情怀，领略着古人的爱国风范。古人用行动诠释着爱国，我们也应该用行动谱写出伟大祖国更美的画卷。

姜思彤：大漠的孤烟，塞外的景，关山的将士华发生，唐诗里有死，唐诗里有生，唐诗里有浓浓的报国情。

荆士诚：中国的唐诗源远。

姜思彤：唐诗里的中国流长。

荆士诚：请听王泽一同学的配乐朗诵《唐诗里的中国》。

《唐诗里的中国》王泽一

也许，在我们每个人的心底，都藏着一个小小的唐朝。所以在今天，唐装才重回我们的衣柜，中国结又重系我们的裙衫，唐时的歌曲包上了摇滚的外壳，又一遍遍回响在我们耳畔……爱中国，可以有一千一万种理由，选一个最浪漫的理由来爱她吧——唐诗生于唐朝，唐朝生于中国，中国拥有世界上独一无二的唐诗。

唐朝是歌舞升平的唐朝，是霓裳羽衣的唐朝。唐朝的诗书，精魂万卷，卷卷永恒；唐朝的诗句，字字珠玑，笔笔生花。无论是沙场壮士征夫一去不还的悲壮，还是深闺佳人思妇春花秋月的感慨，翻开《唐诗三百首》，读一首唐诗，便如拔出了一支锈迹斑驳的古剑。寒光黯黯中，闪烁着一尊尊成败英雄不灭的精魂：死生无畏,气吞山河,金戈铁马梦一场,仰天长啸归去来……都在滚滚大浪中灰飞烟灭。多么豪迈的唐诗呵！读一首唐诗，宛如打开一枚古老的胭脂盒，缕缕香气中，升腾起一个个薄命佳人哀婉的叹息。思君君不知，一帘幽怨寒。美人卷帘，泪眼观花，多少个寂寞的春夜襟染红粉泪！多么凄美的唐诗呵！浅斟低吟，拭泪掩卷。

寒山寺的钟声余音袅袅，舒展双翼穿越时空，飞越红尘，似雁鸣如笛音，声声荡气回肠。世事更迭，岁月无常，更换了多少个朝代的天子！唐宗宋祖，折戟沉沙，三千粉黛，空余叹嗟。富贵名禄过眼云烟，君王霸业恒河消弥。唯有姑苏城外寒山寺的钟声，依然重复着永不改变的晨昏。唐朝的江枫渔火，就这样永久地徘徊在隔世的诗句里，敲打世人浅愁的无眠。

唐朝的月明。不知谁在春江花月夜里，第一个望见了月亮，从此月的千里婵娟，夜夜照亮无寐人的寂寥。月是游子的故乡，床前的明月光永远是思乡的霜露；月是思妇的牵挂，在捣衣声声中，夜夜减清辉；月是孤独人的酒友，徘徊着与举杯者对影成三人。

唐朝的酒烈。引得诗人纷纷举杯销愁，千金换酒，但求一醉。三杯通大道，一斗合自然。人之一生，能向花间醉几回？临风把酒酹江，醉里挑灯看剑。醉卧中人间荣辱皆忘，世态炎凉尽空。今朝的酒正浓，且来烈酒一壶，放浪我豪情万丈。

唐朝的离别苦。灞桥的水涓涓地流，流不断历历柳的影子。木兰轻舟，已理棹催发，离愁做成昨夜的一场秋雨，添得江水流不尽。折尽柳条留不住的，是伊人的脚步；挽断罗衣留不住的，还有岁月的裙袂。一曲离歌，两行泪水，君向潇湘我向秦。都说西出阳关无故人，何地再逢君呵？

唐朝的诗人清高。一壶酒，一把剑，一轮残月，一路狂舞，一路豪饮，舞出一颗盛唐的剑胆，饮出一位诗坛的谪仙。醉卧长安，天子难寻，不是粉饰，不为虚名。喜笑悲歌气傲然，九万里风鹏正举。沧海一声笑，散发弄扁舟，踏遍故国河山，一生哪肯摧眉折腰！

唐朝的红颜多薄命。在刀刃上广舒长袖轻歌曼舞，云鬓花颜，泪光潋滟。都美一骑红尘妃子笑，谁怜马嵬坡下一抹黄土掩风流。情不可依，色不可恃。一世百媚千娇，不知谁舍谁收。长生殿里，悠悠生死别，此恨绵绵。

卷古今消永昼，一窗昏晓送流年。三百篇诗句在千年的落花风里尘埃落定。沏一杯菊花茶，捧一卷《唐诗三百首》，听一听巴山夜雨的倾诉，子夜琵琶的宫商角羽，窗外有风透过湘帘，蓦然间忘了今夕何夕。

唐装在身，唐诗在手，祖国在心中。

姜思彤：唐诗，你是大唐最好的酒，香飘宋、元、明、清至今，只需一滴就已滋养我们整个中华民族。

荆士诚：唐诗，你是馥郁芳香的仙草，在百舸争流的文化世界中，成为一枝独秀阆苑仙葩。

姜思彤：正是由于对祖国的深切热爱，勤劳智慧的中华儿女共同创造了辉煌灿烂的文化。

荆士诚：身为祖国栋梁的我们，肩负着实现中华民族伟大复兴的历史使命。请听孟祥炜同学的演讲。

尊敬的各位领导老师、亲爱的同学们：

大家好！

中国是一个诗的国度。唐诗中的春夏秋冬令我向往，唐诗中的山水风光令我赞叹，唐诗中的风花雪月令我陶醉，唐诗中的离情别绪令我感动。

诗就是画，"春去花还在，人来鸟不惊"；诗就是乐，"此曲只应天上有，人间哪得几回闻"；诗中有喜，"塞外忽传收蓟北，初闻涕泪满衣裳"；诗可以情意绵绵，"慈母手中线，游子身上衣"；诗可以慷慨激昂，"黄沙百战穿金甲,不破楼兰终不还"。啊,一首首唐诗,就是一支支经久不衰的歌,吟诵着春夏秋冬,风景如画!

春之序。"二月春风似剪刀",不知在什么时候,河边的柳树嫩叶已被修剪得又细又长。树丛中,不时传来阵阵清脆的鸟鸣声,使人不禁想吟一曲"春眠不觉晓,处处闻啼鸟""两个黄鹂鸣翠柳,一行白鹭上青天"。夏之声。初夏时节,"青草池塘处处蛙",无拘无束的歌声在池塘边回荡,青蛙们已经迫不及待开始演奏夏天的乐曲,像在举行狂欢节似的,热闹极了。蜻蜓展开轻盈的翅膀,悠闲地在水面上飞舞,在含苞欲放的荷花上停留。这不正是"小荷才露尖尖角,早有蜻蜓立上头"吗?蜻蜓们一定很期待"接天莲叶无穷碧,映日荷花别样红"的壮观吧!秋之恋。秋天,经霜打过的枫叶像火一样红,怪不得诗人杜牧写下了"停车坐爱枫林晚,霜叶红于二月花"的名句。反复吟诵这两句诗,仿佛看到夕阳西下,诗人因留恋枫林的美景而将车停了下来,仿佛看到了满山满眼的比二月花还红的枫叶。直到夜幕降临,感受着秋夜的丝丝凉意,诗人感叹道:"天阶夜色凉如水,坐看牵牛织女星。"是啊,这秋天的夜空如水一样凉,但牛郎、织女的爱情却如火一般热,流传千古。冬之梦。冬天,纯洁的雪花从天而降,给大地披上了银装,寒冷驱使世界进入梦乡。"千山鸟飞绝,万径人踪灭。"鸟儿睡了,虫儿睡了,人也睡了……

中华民族上下五千年,悠久的历史,灿烂的文化,就像一条源远流长的河。曾几何时,我们为中国有着悠久的历史和深厚的人文底蕴而沉醉;曾几何时,我们为中国的地大物博、幅员辽阔而自豪;曾几何时,中国的四大发明改变了整个人类的面貌;曾几何时,《诗经》开创了世界文学史上现实主义的先河;曾几何时,屈原的浪漫主义诗风带给人类非凡的想象力。而今天我要说，唐诗就是这长河中一颗璀璨的明珠，光耀着华夏，灿烂着中华。唐诗中的哲理和智慧，唐诗中的激情和神韵，唐诗中的笑意和泪水，不仅蕴藏着阔宇天地的大美，也蕴藏着永恒不灭的力量。诵之、味之，就有了激情的迸发、智慧的集合，就有了浪漫的畅想、力量的凝聚，就有了一种灵魂的光芒，让我们多一份自信与昂扬、一份感动与梦想。

亲爱的同学们，今天就让我们乘着小舟，吟着唐诗，在祖国的文化长河里自由徜徉；让我们一起关注中国的唐诗文化，让唐诗这坛美酒佳酿越陈越香；让我们品味唐诗文化，传承唐诗精髓，用我们的智慧去建设美丽富强的祖国，让我们的祖国永远巍然屹立于世界的东方！

荆士诚：孟祥炜同学的演讲，道出了我们每个同学的心声，它让我们激情满怀，心潮澎湃。

姜思彤：下面请班主任老师为本次班会做总结。

班主任总结：一个民族区别于其他民族，不仅是生理基因的不同，更重要的是文化的差异。唐诗唤醒了我们民族一脉相承的生活方式和精神气质。今天我们召开《唐诗里的中国》主题班会，共同享受了这穿越时空的美丽。我们都为伟大祖国的秀丽山川之美所陶醉，为五千年中华文化之美所折服，为至真至纯的人间真情所感动，为无数仁人志士的报国情怀所震撼！唐诗的美，沉淀着深邃，积蓄着厚重，凝结着辽远，负载着磅礴！面对它，我们永远不会骄傲，永远心旌摇曳！

唐诗时代已经随着历史长河悄然远去，但它却如一颗耀眼的明珠愈加明亮。它不仅再现了历史，也光照了现在，更辉映着未来！希望同学们能够通过这次班会，继续加强阅读，把诗词中那些热情、美好、优雅、纯洁的东西悄悄地移植于自己的内心，腹有诗书气自华，不断地提升自己、完善自己，把爱国情化作报国的行动，努力学习，志存高远，使自己成为一个优秀的人、一个高尚的人、一个对社会有益的人。

荆士诚：翻开书页，宛若打开一扇古朴厚重的门。

姜思彤：唐诗穿过月光，携着千古情，映亮我们温柔的心田。

荆士诚：平平仄仄的诗行中，泪水盈满双眼。

姜思彤：仄仄平平的诗行中，感动流淌心间。

荆士诚：读唐诗，阵阵墨香。

姜思彤：爱中国，万千衷肠。

荆士诚：一生读不完的优美唐诗。

姜思彤：一世搁不下的诗情画意。

荆士诚：同学们，让我们伴缕缕诗韵。

姜思彤：背起装满诗词的行囊。

荆士诚：在人生前行的路上。

姜思彤：谱写伟大祖国的华美乐章。

合：初二五班《唐诗里的中国》主题班会到此结束！

总有一种真情让我感动

目送着学生走进考场，我再一次提醒自己：又一个四年结束了！静下心来细细品味这四年的班主任工作，真是酸甜苦辣一起涌上心头。这四年一路走来，有风风雨雨，也有阳光彩虹。有的经历让我刻骨铭心，就像一笔笔宝贵的精神财富，丰富了我的班主任生涯。我感谢学校领导的信任与鼓励，感谢我的任课老师的鼎力相助，如果没有他们我怕是很难坚持到最后。我更感谢我的学生，在他们身上我学到了很多，收获了很多，也让我更有信心地去做好今后的班主任工作。因为，在这条路上，总有一种真情让我感动！

2001年，我接新的初一年级。在开学第一天学校组织的摸底考试中，班级的语文和数学成绩都排在后面。说心里话，面对这样一个新的集体，我的心情是很复杂的。也许是班主任的责任感，也许是我不服输的性格，或者是其他什么原因，总之，站在这个岗位上就不容你犹豫，于是，四年的艰苦跋涉就这样开始了。

一、抓班级管理

我狠抓班级管理，形成良好的班风、学风。由于班级农村学生较多，都比较踏实，相对来说比较好管理。我利用主题班会的形式对学生进行入学教育，组织学生学习《中学生守则》《中学生日常行为规范》《九中学生日常行为规范》。通过学习，学生进一步明确了学校各个方面的要求，并深刻认识到作为一名九中学生，要严格要求自己，严格按照守则标准去做。注重学生习惯的养成，包括学习习惯、卫生习惯、纪律习惯等。尽快选出优秀的学生成立班委会，对班级各个方面各负其责。开学后仅用两周时间，班级秩序就非常稳定，很好地完成了由小学到初中的过渡，为今后学生学习成绩的提高、为学生健康成长奠定了良好的基础。

以班主任亲和力为主线，增强班级凝聚力。班主任是班级体的组织者、管理者，更是这个班集体中的一员。我这样告诉我的学生："我们相识的一瞬就注定了我们的师生缘，从你迈进九中踏进这个班的那一刻起，你就是这个大家庭中的一分子，这个家是我们大家的，它需要我们共同的呵护，共同的努力，为它争光。"要有"班荣我荣，班耻我耻"的意识，使学生爱这个集体，而这一切很大程度取决于班主任。班主任通过自己的努力，把班级同学紧紧团结在一起，班级的凝聚力强了，无论做什么事情都容易了。

我认为增强班主任亲和力的最有效的方法就是给学生爱。爱，就像阳光一样，能温暖学生的心灵，能化解学生之间、师生之间的误解。班主任要学会做精神上的关怀者，因为我们从事的是以心育心、以德育德、以人格育人格的精神劳动。更要关心学生的情感、情绪。前苏联教育家苏霍姆林斯基说:"教育者最可贵的品质之一,就是人性,对孩子深沉的爱兼有父母亲昵的温存和睿智的严格要求的那种爱。"我爱我的学生,我也惩罚过我的学生,因为我相信,没有惩罚的教育是不完整的教育。每个学生心中都有一杆秤,你满腔热忱地对待他,他就会信任你、亲近你,向你敞开心扉,心与心的距离近了,还有什么问题不能解决呢?

增强班级凝聚力,参加活动也是一种很有效的方法,比如说学校运动会、拔河比赛、篮球比赛、广播操比赛等。每当这个时候,学生就会把集体的利益看得高于一切。我就是抓住了篮球赛这个契机,对学生进行集体主义教育的,并借此机会进一步对队员和班级同学提出更高的要求,收到了很好的效果。在这样一个大集体中,同学之间真诚友善,他们互相倾诉自己的困惑,分享彼此的成功,互赠友情的祝福,每一个学生都能感受到集体的温暖和团队的力量。

二、教育学生

教育学生学会做人,注重健全人格的塑造,诸如良好的品质、健康的心理、正确的态度、丰富的情感、高尚的情操。人与人才不是一回事,一个人可以不成为人才,但他必须是一个堂堂正正的人!也许他很平庸,对社会的贡献不是很大,但是他一定不会对社会造成危害。因此,我特别注意对学生这方面的教育,充分发挥学科的优势,努力起到示范作用。

真诚平等地对待每一个学生,尊重学生的人格。初中学生正处于身心发展与趋于成熟阶段，可塑性很强，班主任的正确引导对一个学生的成长来说尤为重要。也许在以分数论成败的今天，人的德行会被看淡，但我认为，做人永远是第一位的，我希望我能带给学生积极正面的影响。教育家陶行知先生曾说："教师应该有两种魅力，一种是人格魅力，一种是知识魅力。"人格魅力在前，我相信其他的行业也是如此。

教育学生学会学习。培养优秀的学习品质，养成良好的学习习惯。在现代社会中学会学习非常重要。我们班级女生多，而且用功女生多，考试的时候，曾有过前十名没有男生的记录。既然不是智力因素，那么就充分发挥学生的非智力因素，挖掘学生潜力。有的同学学习劲头不足，有的同学，对自己没有信心，我就经常鼓励他们，让他们知道，学习是一件艰苦的劳动，是一个过程，当你真正经历过、拼搏过、付出过，你会发现，其实一切都有可能，一切都有机会，只在于你再坚持一下、再咬一咬牙的努力之间。学生受到鼓舞，以极大的热情投入到学习当中。

班主任也要为学生营造宽松和谐的学习氛围。在紧张的学习中，教师的一个眼神、一句问候、一点理解，学生都会受到鼓励，甚至鞭策的力量。

三、做好学困生的工作

初二时，班级转入几名学生，都是在原来学校的问题学生。他们身上有坏毛病，更可怕的是，有的同学有破罐子破摔的心理，这对班级造成了一些影响。我经常找他们谈心，耐心说服教育，深夜去网吧找过迷恋上网的学生，解决来学校闹事的外校学生，用爱的行动感化他们、包容他们。庆幸的是，他们都能改正，知道用爱回报老师，懂得受人点水之恩、当涌泉相报的道理。我拨亮一盏灯，照亮一大片。

这四年来，在时间和精力上，我真的付出很多，在每一位学生的身上都倾注了心血，有时想一想真的很辛苦，但看到学生在一天天的成长就欣慰了。

有人说，教育的最大成功，不仅在于培养出优秀的人，更在于培养出一天天进步的人。从这一点来说，我的目的已经达到了。现在，学生毕业了，还经常和我联系，这种被惦记、被信任的感觉真的很好，那是情感与责任的归属与延续，那是一种经过四年沉淀的亦师亦友的师生之情。这四年的班主任工作让我更深刻地感受到，当你全心全意投入工作，像爱自己的孩子一样去爱你的学生，你就会体会到那种发自内心的成就感、满足感，我就是这样的。

重视中学生心理健康教育,培养学生健全人格

世界卫生组织关于健康的定义是:健康乃是一种在身体上、精神上的完满状态,以及良好的适应力,而不仅仅是没有疾病和衰弱的状态,这就是我们所说的身心健康。也就是说,一个人除了在身体健康、心理健康以外,还要有良好的社会适应能力和道德品质高尚,才是完全健康的人,才可能成为一个具有健全人格的人。随着时代的不断进步,社会对人、对人才的要求也越来越高。除了要具备丰富的专业知识、精湛的专业技能以外,还要有积极乐观的人生态度、极强的适应环境的能力、与人交往的能力、较强的抗挫折能力等。在未来人才综合素质结构中,心理健康素质越来越突显出它的重要性。

健康,既是人类生存发展的基本要求,也是人类最宝贵的社会财富。我们每一个人的精神状态、心理状态和行为,无论是对自己,还是对他人、对社会都有十分重要的影响。初中时期是学生身心发展、性格形成的最重要时

期，这一年龄段的学生好奇心强，接受外界事物也比较快，是他们可塑性最强、人格形成最关键时期，也可以说是身心发展的骤变时期。一些中学生受父母离异、学习压力过大、社会不良因素等影响，变得自卑、懦弱、自私、冷漠，产生严重的心理障碍，出现焦虑、抑郁、自闭、逆反等情况。这些问题必须引起家长、学校、社会的高度重视，这关乎到我们培养出什么样的建设者和接班人的问题。如果我们忽略了中学生在成长过程中心理存在的问题，他们也许会形成孤僻、偏激的性格，那么遇到问题、挫折，就不能正确对待，以至于伤人伤己，严重的甚至会危害社会。

所以，这一时期是对中学生进行心理健康教育、促进中学生身心健康和谐发展的最重要、最必要、也是最佳时期。心理健康教育是学校德育教育的重要内容之一。重视心理健康教育，使学生不断正确认识自我，增强调控自我、承受挫折、适应环境的能力；培养学生健全的人格和良好的个性品质；对少数有心理困扰或心理障碍的学生，给予科学有效的心理咨询和辅导，提高其心理健康水平，使学生都能充满正能量，能够身心健康的成长，在学校是好学生，将来到社会是好公民。

因此，开展心理健康教育是学生健康成长的需要，是推进素质教育的必然要求。开展心理健康教育可以促使教师更新教育理念，促进学生主动发展，形成完善的人格；有利于促进学生德、智、体、美、劳等全面发展；有利于学生心理障碍的排除、心理疾病的防治和精神健康的维护等。

一、教育工作者要提高认识

心理健康教育是学校德育工作的重要组成部分，教育工作者要充分认识到中学生心理健康问题的严重性和加强中学生心理健康教育的必要性。学校领导要把学生的心理健康教育抓严抓实，以确保这项工作的长期性和有效性。每一位教师都应高度重视学生的心理健康问题，要掌握心理健康的基本常识，关注学生的心理健康。特别是班主任教师，要强化意识，深刻认识到学生心理健康教育的重要性。教师要让自己保持一种热情、友善、沉稳的心理状态，为学生营造一个舒适、宽松的学习生活环境。

二、学校开设心理健康课

课堂教学是对学生进行心理健康教育的主渠道，各任课教师根据学科教学的特点，适时、适度地把心理健康教育渗透在教学中。实际上各科教材中含有不少适用于心理辅导的内容素材，教学过程中会经常出现有利于实施心理辅导的教育情境。教师细心挖掘、善加利用，可以开发学生智力和培养情感，激发学生学习动机，保持其良好的心理状态。学校要把心理健康课排入课表，每周一节，由专职教师负责，让课堂成为心理健康教育的阵地，通过课堂向学生讲授心理卫生与健康的理论常识，使学生能够了解、分析自己的心理状况，提高抵御心理疾病的能力。

当然，仅凭每周一节的心理健康课是远远不够的，还可以运用多种形式对学生进行心理健康教育。在学校开设心理咨询室，有专业教师专门负责，有需要的学生可以进行心理咨询。专业教师帮助学生解决其在学习、生活、人际交往以及疾病和康复等方面的心理不适或障碍，减轻他们的心理负担，增强他们对挫折的承受能力，指导他们在认知、情感、态度和行为方面的做法，教会他们发掘自身的潜能，以更好地适应环境、完善自我，提高心理素质，促进心理发展。

定期组织开展心理健康专题讲座，每一期都确定一个主题，如《心理健康知识讲座》《如何克服自卑心理》《正确地与异性交往》《勇敢地面对挫折》等，分阶段、有针对性地解决学生中出现的心理问题，使他们深入了解心理健康方面的知识，以更好地应对心理出现的问题。

定期召开主题班团会，根据各年级学生的特点，根据学生中存在的心理问题，确定不同的主题，采取多种形式，也能收到很好的教育效果。

学校开展的各种丰富多彩的活动，也是心理健康教育的有效载体。在活动中，可以适时指导学生的社交能力，消除他们的畏难心理、恐惧心理和自卑心理。学校各项文体活动，为学生提供了平台，他们在活动中展现自我、释放自我，并学会了团结合作、与人交往，懂得了自尊自爱、约束和控制等。

三、争取家长的配合

在心理健康教育方面，家庭具有学校难以匹敌的优势，是可开发利用的教育资源。赢得家长的配合是心理健康教育的关键。因为有些学生的心理压力和心理问题不仅来自学校也来自家庭。家长不健康的心理、不恰当的教养方式、不和谐的亲子关系会直接引发学生的心理问题，影响其心理健康，而大部分家长还未意识到这一点，没有心理健康教育意识。

因此，学校心理健康教育也要延伸到家庭中去，提高家长的心理健康教育意识。具体做法是：

1. 向家长宣传普及心理健康教育的知识。

2. 帮助家长了解子女学习生活的心理特征，以及容易出现的心理问题。

3. 向家长反映其子女的心理动态及出现的具体问题，使家长积极配合学校工作，共同做好学生的心理健康教育。

学校还可以开办家长学校，包括给家长上课、家长座谈会，举办一些教师、家长、学生共同参与的活动等，形成心理健康教育合力。

学校要充分发挥家庭教育的功效，与家长密切配合，共同完成对学生的教育，使学生健康成长。

总之，我们要加强学生心理健康教育，培养其健全人格，让他们健康成长，成为更好的建设者和接班人。

岁月有痕——随笔篇

作为家长，我们别无他求，只希望孩子幸福、快乐。每当我们被生活琐事烦扰时，想想远在他乡的孩子，他们是我们继续前行的动力，那么一切坚持都有了理由。感谢孩子，是他们让我们完整地体验着生命的过程！

牵挂——写给远方的孩子

时光荏苒，如今已是孩子背井离乡、求学在外的第二个年头了。提起笔来，认真整理，这一份长长的牵挂让我不胜感慨。在这流逝的时光里，我一点一滴地捡拾起零散的往事，它们像一颗颗闪亮的星星，缀满我记忆的苍穹，让我细细地感受孩子成长的足迹，轻轻地咀嚼这满满的牵挂。我不是一位优秀的母亲。孩子学前六年中，没有完整地上过一个学期的幼儿园。当同龄的孩子坐在教室里童声童气地背着歌谣、数着手指学算术的时候，我的孩子还在奶奶的看护下，在师专院里疯跑，在电视机前看动画片、看红色经典电视剧（我常想，大概孩子的思想觉悟从那个时候就已经开始提高了）。孩子小学五年中，学习成绩平平。孩子的乐感很好，当她哥哥的手风琴放在她面前时，她竟然奏出了《婚礼进行曲》；她也练过几天书法，好像悟性也不错，但都因为我这个没有"正事"的母亲督促不够而夭折。后来，孩子曾开玩笑地对我说："妈妈，如果从小你就用心培养我，现在我会更优秀一点儿吧。"

在热切的盼望中，孩子上初中了，她很兴奋。然而，我却残忍地把孩子的梦打碎了。那是孩子初一年级时，学校开展运动会，需要两个主持人。有四个候选主持人，我的孩子是其中之一。我在没有征得孩子的同意的情况下，推荐了别的孩子……很多年过去了，每当我想起这件事，仍觉得很愧疚，如果时光能够倒流，我想我一定会给孩子最大的支持和鼓励。生命的延续是一种神奇，我至今仍然不敢相信，孩子已经长大了。我依然把她当成小孩子一样，每次她走出家门，我还是十分挂念与惦记。孩子很懂事，从小就这样。她的大学在武汉。她从不跟我们说在武汉的生活，即使在武汉冬天最阴冷的时候，她也只是笑着说："我怀念家里的暖气了。"然而，当我和她父亲听到这话的时候，我们感到一阵心酸与心疼，尽管我们深知要让孩子在磨砺和锻炼中成长的道理。

每一个家庭都会经历这样一个过程：孩子长大后，离开父母，去外面打造自己的一片天地。我更没有理由因多虑而给孩子造成负担。每当我对孩子有了种种担心与不舍时，总会这样安慰自己：别人的孩子能承受，那么我的孩子也能，而且要相信她能做得更好。事实上，她也从未让我和她父亲失望。想到孩子在备考之时，虽然我们也有压力、也紧张，可是我们很安心，因为可以每天看到她，知道她的一举一动。她那时喜欢跟我和她父亲聊天，没有高三考生的考前忧虑，也从不乱发脾气，还是像一个小孩子一样跟我们讲述她的想法或是在学校的见闻。每次当她说到眉飞色舞的时候，她父亲都很不忍心地打断她："吃饱了吗？你先进屋吧，我和你妈妈再唠一会儿。"看到孩子有一丝失落又故作轻松的脸，我们心里很不是滋味。那时，我就在想：坚持，等高考结束，我们就可以放松身心，就可以毫不顾忌地聊天。而如今，我和孩子每天只能通过电话联系，一年中也就寒暑假能见面。想到此，便觉一阵伤感，总觉得我们错过了很多孩子成长中精彩的瞬间。

以前，逢年过节我们都是全家人在一起。可是现在，我却委实怕过节，每每想到"独在异乡为异客，每逢佳节备思亲"，眼前浮现的便是孩子的笑脸。不仅是过节，甚至怕过周末，每逢周末，我便惦记孩子，既不想让她待在寝室里，因为那样太过于枯燥无味，可是又不想让她出门，因为担心她的安全。武汉那么大，我觉得只有学校才是最安全的，于是就在这样的矛盾中，苦苦纠结。而事实上，孩子过得很好，有时她会和同学出去逛街、吃小吃，或者是去公园。时光飞逝，若白驹过隙，转眼间，孩子已上大二了，我和她父亲一直觉得能养育出这样一个孩子，是我们最大的骄傲。细细想来，孩子从小到大，我们之间从未有过任何摩擦或隔阂，即便是她的青春期也是十分顺利度过的。从未因为她的成长费过太多心思，所以有时想想，她能顺利、出色地成长至今，真是老天对我们最大的恩赐。都说孩子是家长的翻版，我想，每一位家长不仅仅希望孩子是自己的翻版，更希望孩子比自己更好。我们从不奢求孩子做出轰轰烈烈、光宗耀祖的大成就，只希望她能够幸福地生活，平安便好。在此祝愿全天下的孩子能够健康平安！作为家长，我们别无他求，只希望孩子幸福、快乐。每当我们被生活琐事烦扰时，想想远在他乡的孩子，他们是我们继续前行的动力，那么一切坚持都有了理由。感谢孩子，是他们让我们完整地体验着生命的过程！

女儿，我愿你轻轻地走向完美

——读毕淑敏《轻轻走向完美》

人的一生犹如一次奇妙而漫长的旅程，我们在其中见识、成长、感悟、冥想。时常感激自己生为女人，可以亲自孕育出属于自己的骨肉。自从有了孩子，我的人生仿佛走向了另一个美妙的阶段。如果要问我这一生中因何而最骄傲，那么我一定会说这骄傲源自你——我的孩子。细细品读了毕淑敏的《轻轻走向完美》，几度湿了眼眶。毕淑敏，她是那么懂女人，她是那么通情理，她用温暖平实而深沉独到的语言向我们叙述着情感、心灵、婚姻、家庭，字里行间流露的皆是真诚而质朴的忠告、经验。她的故事里有你，有我，有每一个从懵懂无知的少女蜕变为成熟优雅的女性的心路历程和酸甜苦辣。再一次震撼于毕淑敏的文笔，再一次感动于毕淑敏的细腻。因为自己是语文老师的缘故，所以也会言传身教给学生很多文学素养的敏感性。班主任的工作分去了我很多精力，在本该陪伴在孩子身边成长的时候，我把时间留给了学生。每每想到此，都觉愧疚。然而女儿从小便乖巧懂事，自立自强，喜欢读书写字，在还搞不清楚论点与论题为何物时便敢于提笔写议论文。她的作文，从小学到高中一直被当作范文，对此，我满心骄傲与欢喜。我们夫妻俩都已年过不惑，最欣慰的就是看着女儿逐渐长大，看着她长得亭亭玉立，看着她变得优雅成熟。读罢《轻轻走向完美》，心中便又生出诸多感慨想与女儿分享。毕竟，孩子在父母的眼里，永远都是孩子。

女儿，你还记得你与毕淑敏结缘于《青虫之爱》这篇课外阅读吗？当时你笑嘻嘻地对我说："妈妈，这篇文章中的阿姨和你一样害怕虫子。"我当时顿觉惭愧，因为我们虽然一样害怕虫子，可是我却没有如她一般勇敢、决绝地为你做出榜样。那年盛夏，当一只毛毛虫突然出现在窗帘上的时候，我简直吓到头皮发麻，当时只有你和我两人在家，我们相对大呼小叫半刻之后，你跑去拿来笤帚对我说："妈妈别怕，我把它赶走。"我曾经在给学生讲到这篇课外阅读时，讲起了这个故事。如果有歹徒、有坏人出现在你面前，我一定会毫不犹豫地冲上去保护你，可是却在一只小小的毛毛虫面前手足无措，那时看着小小的你为我挺身而出，心底唯有感动与震撼。从小到大你一直如此，懂事，体贴，为父母，为家人，为朋友，为老师，想你所想，能你所能。如果把女儿比作贴心小棉袄，那么我和你父亲就是到了北极都不会觉得寒冷。时光匆匆，转眼间你已是大姑娘了，在这个从女孩蜕变为女人的时刻，妈妈想对你多嘱咐一些。毕淑敏在《三月，有我们的节日》一文中曾说："生命的基因像一条缀着金锚的水兵飘带，是女性用自己的血凝为红宝石，以自己的眼泪和汗水化为珍珠，把智慧的密码绣在蔚蓝色的大海上，在波浪与白云之间飘扬。"女人生来柔弱,却拥有着超乎想象的勇敢与伟大,妈妈希望你今后一如既往地自爱自立,愿你自强到无需娇惯,却依然幸运到有人娇惯。

毕淑敏说:"优秀的女人首先是善良的。"妈妈不企求你如何优秀,却希望你能够在这个物欲横流的世界中保留你一直以来的坚持、善良。妈妈愿你始终像孩子一样真诚,像太阳一样温暖。这些星星点点的优秀品质足以成为你立足于这个世界的根本,足以在你看不清前路的时候成为你的光芒。妈妈希望你做这样的女人:让人不敢轻易地冒犯你,让人对你的品质赞不绝口。今年已是你步入社会的第二年了,你已在自己的工作岗位上独当一面。每想至此,我和你父亲都有一种既希望你崭露头角却又不想你太过劳累的矛盾。孩子,妈妈希望你学会协调工作与生活的关系,好的工作正是为了更好的生活,不能本末倒置,为了工作而丢弃生活。

我们要快乐,快乐地生活,快乐地工作,如若这份工作不能给你愉悦和成就,那么我会鼓励你大胆地另择新路。虽然你很忙,妈妈还是要提醒你,正如毕淑敏在《提醒幸福》中所说:"我们不能一味地提醒不好的事情,尽管居安思危是正确的做法,但是我们不能因为即将到来的风暴就忽视当下皎洁的月光。即使生活中有各种各样的不尽如人意,即使工作中有千奇百怪的拦路虎,我们依然要追寻那些质朴的幸福,被幸福包裹着的我们,才是最温暖而有力的。"我曾反问自己,为什么在潜意识里不希望你过早地谈婚论嫁?在《婚姻鞋》里,我找到了答案。文中把婚姻比作鞋与脚。脚终有不长的时候,那就是我们成熟的时候。孩子,我总是担心你过早地选好鞋,却因为脚长鞋不长而最终委屈了你的脚。尽管不舍,尽管担心,却拦不住你步入寻找如意郎君的年纪。这个世界上没有任何人比我和你父亲更爱你,然而我们相信，你一定会找到最适合你的鞋。不贪图富贵，不盲从他人，只愿你能够找到真正满意而信任的男人托付终身。

女儿，我们一直欣慰于你对我们的种种倾诉。你总是愿意对我们说起你生活中的种种，因为你知道我们愿意听，你知道我们始终在担心你。孩子，你知道吗，你的每一次成功，都如同经过放大镜，进入我们的瞳孔，摄入我们的心底。感谢你来到我的生命，感谢你像暖阳一般温暖了我的整个人生！女儿啊，妈妈希望你慢慢地走，轻轻地走向完美，就如同涓涓细流，感动这长久而多情的岁月，惊艳这安静而美好的时光。

享三月春光　做最美女人

——三八节有感

阳光温热，岁月安好。春风中，我们心怀美丽，走进了充满神韵的三月天。有人说，三月，是属于女人的时令，因为一个伟大的节日把三月和女人紧紧地连在了一起。三月，明媚了女人的心情；女人，装饰了三月的绚丽。让我们共享三月春光，做最美女人！

最美女人，美在心中有爱。

心中有爱的女人，内心是善良平和的。唯此，看世界的眼睛才会纯净，感受到的世界才会温暖。心中有爱，不只是爱父母的乖乖女，爱丈夫的贤惠妻，也不只是把爱全给孩子，精心得就像雕一件艺术品而失去自我的好母亲。心中有爱，更重要的是要留一份爱给自己，既不姑息、放纵自己，也不虐待、苛求自己，无论什么时候，纵然暂时被人生冷落，依旧是自己的珍宝。

这才是美人真正的底气。爱自己，才能爱整个世界。

最美女人，美在腹有诗书。

曾国藩说："唯读书则可以变其气质。"

女人的品质是书香熏出来的。对女人来说，读书是人生最好的时尚。一个女人的修养、智慧、品行、魅力，是和读书分不开的。读过书的女人，思想灵动，视野开阔，知书达理，开明大度；读过书的女人，高雅，大方，温婉，含蓄，透着书卷味儿，这种知性美就像是一处亮丽迷人的风景，任时光流转，却愈加沉淀着岁月的静美。

最美女人，美在刚柔并济。

优秀的女人内心是强大的。因为，她是一个独立的人。身在职场，做人做事，自强自立，同时，又像一缕轻风，为家庭，为世界，注入万般柔情。活泼开朗，又不失分寸；聪明鲜亮，又不孤芳自赏；积极向上，又不蛮干；随遇而安，又不自暴自弃；强大但不强势，柔情但不柔弱，这是一种柔弱的坚强。有的时候，学会流着泪微笑，也是一种别样的美丽。

做一个最美女人吧！

她像一首诗，越读越觉得韵味无穷！

又像一壶茶，越品越觉得唇齿留香！

更像一本书，越看越觉得爱不释手！

最像一朵花，越赏越觉得艳丽芬芳！

九中礼赞

扯起一朵云锦，撒下一片阳光，张开缤纷的翅膀

播下一粒种子，收获一片金黄

我们编织着斑斓的梦想

怀着激情，怀着敬意

带着憧憬，带着期望

今天，我们庄严地向你敬礼——绥化九中，我们心中的殿堂

你是我们看不够的景

你是我们读不完的书

你是我们走不完的路

你是我们唱不完的歌

身为九中人，我们深感荣幸

身为九中人，我们为你自豪

献给你九中我的歌，我的诗篇

翻开九中的校史

人们都不会忘记

1985年的秋天

在绥化大地上，一个新的初级中学诞生了

一颗种子从此孕育了一个辉煌的梦想

春水东流，峰回路转

蓦然回首

你已经走过了风风雨雨十七年

泪眼模糊中，我们仿佛又回到了从前

回到了那艰难苦涩的建校初期

那时你真的很穷

穷得连一张挂图都没有

但是你没有叹息

因为你知道，叹息的杯里只有消沉的苦酒

那时你生源很差

学生纷纷往外走

但是你自信，因为你懂得，自信的乐谱才能弹出奋发的节奏

多少次花开花落

多少个寒来暑往

多少个不眠之夜

领导班子运筹帷幄

多少回师生一起

迎接第一缕阳光

你忍辱负重，卧薪尝胆

只为心中的梦想

没有比脚更长的路

没有比人更高的山

终于，1992年的中考成绩，如一道闪电划破夜空

让全市人眼前一亮

从此你迈上新的台阶

一步步走向新的辉煌

你升学稳居全市榜首，谱写出九中教育教学成果新篇章

今天的你啊，更是与时俱进、蒸蒸日上

绿柳成荫，白杨成行

优雅的环境让人心情舒畅

宽敞的教室，整齐的操场

欢歌笑语在校园回荡

以学生为本

以学生的发展为主

是新一届领导班子提出的新的教学理念

声势浩大的课改带领师生走进新的课堂

与北大附中联合办学，拓宽了学生学习的空间

网络教室的建立

把包罗万象的世界展现在我们眼前

外教口语课，带来的不仅仅是异国风情的新鲜感

"懂你"信箱的开办，"碧竹"的创刊

成为一道道亮丽的风景线

这就是你的魅力

今天你吸引着八方学子

这就是你的魅力

明天你托起的是一轮生命的朝阳

几分耕耘，几分收获

几多感慨，几多蹉跎

昨天如梦，你走过了求生存、求发展、上台阶、创名校四大步

今天如诗，放眼未来，你的路还很长，满载期望，扬帆远航

啊！九中，你平凡伟大

啊！九中，你普通神圣

你敞开的门房里

蕴藏着全人类

从门房里走出来的爱

把我们的无知、傲慢与偏见摧毁

没有你海一般的宽广胸怀我们无从游弋

没有你拓宽的平原我们无从驰骋

在你的怀抱中

我们学会求知做人

在你的怀抱中

　我们健康成长

有了你的引领

漫漫人生路我们才有前行的力量

没有精彩的话语

却浓缩了我们炽热的爱

没有华丽的诗句

却深藏着我们诚挚的祝福

年轻的九中，年轻的你我

好像年轻的太阳

飞腾的九中，飞腾的你我

仿佛飞腾的希望

我们深知，我们理解

成熟的九中还很年轻

我们执着，我们坚信

成长的九中定能成功

飞翔九中我的梦

攀登九中我的情

让我们共同面对

面对明天的憧憬

让我们共同拼搏

在激涌洪流中

让我们与你一起

共奔锦绣前程

仰望母亲

三月的微风吹走了阵阵寒意

明亮的天空展开一片蔚蓝

我凝望远方，寻找诗句

想为您——母亲，献上一首赞美的诗篇

母亲，是您把我们带到这个世界

让我们领略这个世界的神奇

是您哺育我们成长

让我们懂得了生活的道理，生命的意义

您的血液就像一条河

河水滋养着我们

任凭星移斗转，季节变换

从来没有干涸

风雨到来的时候

您总是用瘦弱又有力的臂膀

把我们推向天宇，接受阳光的眷顾

而您却像烟云一样消散

即将远行的日子

您的脸上写满期盼

目送着我们以挺拔的身姿

搏击在远方的海天一线

慈母手中的针线

密密缝出了一位母亲的牵挂与惦念

尽母亲责任，让孩子成人成才

孟母必须三迁

冰心笔下遮雨的荷叶永远用身体保护着红莲

勤劳宽厚的"文他娘"用心唯系着家的平衡

为家人营造着精神家园

一个微笑，一个祝福

一个眼神，一句惦念

好似一抹曙光，一片绿叶

一颗露珠，一泓清泉

浓浓的爱意带来家庭的温暖

真诚的情感描绘着社会和谐的画卷

母亲啊，您在哪里，家就在哪里

有您才有家

我们疲惫的心灵得到千百次的满足

有您才有家

您用柔弱的双肩扛起的

是一个民族的尊严

您用海一样的胸怀

您用朝露一样的抚爱

您用高山一样的气魄

您用磐石一样的信念

陪我们闯过了一道道难关

亲爱的母亲

您就像淡雅的清茶

芳香甘甜

您就像一幅传世名画

精美隽永

您就像一首经典老歌

轻柔温婉

您像一盏灯

悄无声息地照亮了生命中每一个角落

您像一缕风

和煦中吹去朔雪纷飞带来春光无限

您像一座丰碑

给炎黄子孙写下了不朽的惊叹

您承受了太多的不幸与苦难

但目光依旧有太阳的热情

月亮的柔肠

于是我们看到

母亲的背后

升起了一道光环——

只能仰望的女性之光

一代又一代

母亲组成生命的链条

每一环都熠熠生辉,绽放异彩

仰望母亲,我们肃然起敬

永恒母爱,亘古不变

中华神韵

有一种声音是用来交流的

最美的,是那中华汉语

有一种文字是用来记忆的

最美的,是那中华汉字

华夏文明源远流长

汉语是它的结晶

华夏民族历史悠久

汉字是它的传承

中国不是世界上唯一的文明古国

但文明的脉络贯穿古今,还在继续的

只有中华文明

汉语汉字是最具魅力的艺术瑰宝

我们的祖先创造了这笔宝贵的精神财富

哺育了世世代代的炎黄子孙

浩如烟海的诗词古籍

异彩纷呈的东方戏曲

充满睿智的中国哲学

完备深刻的道德伦理

从孔子、庄子的思想里流出来

从李白、杜甫、苏轼的嘴里吟出来

从施耐庵、曹雪芹的笔下流出来

响在塞外沙场

响在多雨江南

响在江湖草泽

响在苍茫雪原

几千年改朝换代

未曾远去的同一种声音

同一种语汇

同一种旋律

同一种信念

它像一首诗

字里行间悸动着前行的灵魂

它像一幅画

流光溢彩展现的是缤纷的绚烂

它像一条河

绵绵流淌的是上下五千年的智慧

它像一座山

巍巍挺立的是纵横数万里的尊严

这条丰富多彩的文化长河啊

从远古流到现在

从现在流向未来

永不停息，一路向前

它映照出中华民族几千年风雨烟尘的身影

回荡着中华儿女自豪的誓言

印刻着中华文明独特的记忆

点亮了中华传统耀眼的光环

博大精深的汉语言文化啊

丰富了古老的中华民族

推动了世界文明的发展

今天，在竞争激烈的国际舞台上

她越来越重要的作用又一次展现

许多国家掀起了学汉语的热潮

作为龙的传人

守住文化之根

熔铸民族之魂

让中国走向世界

让世界了解中国

我们责任在肩

尽管，这是一个数字化网络化的时代

尽管，这是一个逻辑反超形象的时代

但是，追赶时代的人们

并没有因此而遗弃文化传统

语言艺术在高科技的映衬下会更加灿烂

我们聆听的不仅仅是过去的声音

还有现在，更有未来

我们会在太阳底下继续讲述我们民族新的故事

我们会去完成汉语言文化跨越时空的使命

记载历史的青石板纵已久远

但汉字的魅力却还清晰的显现

放眼望去

潇潇落木，滔滔波澜

汉语言美丽处处可见

未来五十年

汉语将在中国经济发展的引领下与英语并驾齐驱

成为主要的国际交际语言

让文明与青春携手

文化与时代同行

愿中华传统文化这朵奇葩

在世界文字宝库中

开放得更加绚烂，更加耀眼

我爱我家

九中，我们成长的摇篮

初一五班，我们精神的家园

有缘我们相聚

七十个人组成一个崭新的集体

有心我们珍惜

七十颗心串成一个最美的同心圆

从此，我们成为一家人

相亲相爱的一家人

从此，我们成为一家人

相知相守的一家人

我们同沐一片阳光

我们同属一片蓝天

为了共同的追求

我们齐心协力

朝着一个方向

我们团结向前

在这里,我们互相关心与尊重

在这里,我们没有嘲笑与欺骗

在这里,我们学会了感恩、宽容

在这里,我们收获着知识与温暖

在这里,我们懂得了

汗水造就实力

毅力编就梦想

习惯成就品质

拼搏铸就辉煌

在这里,我们懂得了

成功的背后是艰辛

酸楚过后是甘甜

于是,我们用心耕耘这片绿地

我们用真情与汗水把它浇灌

我们用手中的笔描绘蓝图

我们用双脚丈量明天

于是,初一五班

这朵待放的花蕾

在九中这座大花园

盛开得格外绚丽耀眼

我们是一家人

相亲相爱的一家人

这里将留下我们最美的记忆

这里装着我们太多的期盼

看,同学们张张可爱的笑脸

听,老师们句句鼓励的良言

前路尚漫漫

等待着我们去跋涉

未来在召唤

我们责任在肩

亲爱的老师、同学们

我们风雨兼程,一路相伴

绥化九中初一五班

我们,梦开始的地方

从这里出发,我们风雨无阻

从这里出发,我们一往无前

让我们手相牵,心相连

共同走出青春最潇洒的模样

绽放花季最明朗的笑脸

点亮生命最灿烂的焰火

谱写人生最壮丽的诗篇

2015年教师节献词

又一年长空鸣雁

又一年丹桂飘香

又一年流光溢彩

又一年桃李芬芳

亲爱的老师，尊敬的师长

也许你还在用明亮的双眸目送老弟子奔向四面八方

也许你还在用洪亮的嗓音教导着新弟子如何成长

那么此刻，在这个属于您的节日里

给自己一个歇息的时光

请接受我们最诚挚的祝福

听一听我们由衷的歌唱

尊敬的各位领导，亲爱的老师

初三五班全体同学代表绥化市第九中学的学子

向辛勤工作在教育教学第一线的领导、老师们致以最崇高的敬意

教师节快乐

1985年的今天，第一个教师节诞生了

从此，这个季节属于教师

从此，九月的天空出现了最耀眼的光芒

1985年的秋天，绥化九中建校

从此，一颗种子孕育了一个辉煌的梦想

三十年风雨，三十年沧桑

三十年的摸爬滚打，三十年的蒸蒸日上

我们最亲爱的老师

你与九中共同走过了从艰难到辉煌

见证了九中三十年的成长

你的青春奉献给了九中的教育事业

你的汗水洒在九中这片热土上

每一步发展

都凝聚着你的心血

每一颗硕果

都闪烁着你智慧的光芒

有人说，教师真神圣

天地君亲师，你位列五行

有人说，教师真伟大

道之所存，师之所存

自古就这样

教师的神圣在于燃烧自己照亮别人

教师的伟大在于写下真理擦去功利

从不把得失放在心上

一支粉笔，两袖清风

三尺讲台，四季晴雨

加上五脏六腑七嘴八舌九思

十分用心，滴滴汗水诚滋桃李芳天下

十卷诗赋，九章勾股

八索文思，七纬地理

连同六艺五经四书三字二雅

一心栽树，点点心血勤育英才泽神州

啊，我亲爱的老师

你是阶梯

让无数个平庸变辉煌

你是熔炉

把无知懵懂塑造成栋梁

你是我们永远的骄傲和自豪

你是我们永恒的尊严和力量

尽管，你已两鬓成霜

年轻的心却从未改变模样

尽管，你已当爸当妈

三尺讲台你还在日夜奔忙

也许，你咽喉红肿，静脉曲张

可你却不声不响

也许你也为柴米油盐烦恼焦虑

但你内心的忧伤从不写在脸上

讲台上的你，生龙活虎，绘声绘色，激情昂扬

下了课，你虚汗沥沥，直叫气短心慌

问一句老师你不累吗

你说：这样充实

这样对得起家长的期望

再问一句老师您不后悔吗

你笑了：你的成长就是我最好的报偿

啊，老师，我亲爱的老师

再华丽的语言也道不尽你的无私风尚

不计劳苦，桃熟流丹，李熟枝残，种花容易种树难

幽谷飞香，情满校园，爱满校园，英才济济绽笑颜

祝福九中，我们永远的母校

明天更美好

祝福老师，我们亲爱的师长

永远幸福安康

做远行人，去看最美的风景

——2005届初四毕业典礼上的发言

尊敬的各位领导、老师，亲爱的同学们：

大家好！

六月盛夏，骄阳似火，在这激情燃烧的日子里，我们相聚在此，为2005届毕业生举行隆重的毕业典礼。我谨代表全体老师向2005届所有毕业生及我们的学校表示由衷的祝贺！祝贺你们圆满完成了初中四年的学习任务！祝贺我们学校又放飞了一群展翅欲飞的雄鹰！

寒来暑往，花开花落，不经意间时光已经悄悄划过了一千四百多个日子，望着你们那熟悉的笑脸，此时此刻，我们真是百感交集、思绪万千。我们为你们学业有成而欣慰，也为我们的离别而不舍，更为你们的未来充满期待。

一月的阳光，三月的瑞雪，五月的绿柳，七月的鲜花，一千多个日子，我们风雨同舟，悲喜同在。曾记得，昔日的你们，口袋里装满了从沙滩上拾来的五光十色的贝壳，上面刻着你们那么多奇幻的梦，如今换来了多少从知识海洋里撷取的珍珠，晶莹饱满，闪烁着收获的光芒。校园中回荡着你们欢乐的笑语，教室里洒下你们辛勤的汗滴，篮球场上有你们矫健的身影，花坛边留下你们旧日的足迹……作为你们的老师，四年来，能给予你们的就是倾己所有，为你们明天的扬帆远航推波助澜。这期间有过严厉的批评，有过苛刻的要求，也许还有过难解的误会、无意的伤害……也许曾经令你们难以接受，但请你们理解，老师为的是你们能够出类拔萃、有所作为。今天，当过去的一切都成为远去的风景，这聚散九中的日子将是你们记忆中永恒的底片。九中的四年铸就了你们一生的信念，四年的朝朝暮暮，四年的酸辣苦甜，四年的苦苦求索，四年的意志磨炼，你们少了些轻狂肤浅，多了些稳重老练；少了些自私狭隘，多了些豁达乐观；少了些胆小懦弱，多了些正义勇敢；少了些随波逐流，多了些成熟主见……这一切，正是因为九中，你们才有了更丰富的人生体验。

同学们，与其说学校在为你们举行隆重的毕业典礼，不如说是在为出征的将士设下庄严的饯别盛会，你们当中有一部分同学将升入高一级的学校深造，那是生活对追求者的馈赠。作为05届毕业生，你们是幸运的！九中新的教学大楼正拔地而起，新建的天文台科技馆将为你们提供更优越的学习条件，开辟更广阔的发展空间。高一是你们新的起点，真诚地希望你们在今后的学习生活中，珍爱自己，珍惜青春，珍重每一步，使自己无论在品格修养上，还是在知识水平能力上都更加优秀。也有的同学将步入社会，希望你们无论走到哪儿，不管做什么，都不要忘了，你们曾经是九中的学生！

同学们,今天,你们即将踏上新的征程,老师愿意献上我们最诚挚的祝福:做远行人,去看最美的风景!一路带着我们爱的微笑,去寻找生命中的灿烂美好!寒窗数载,厚积薄发,祝你们中考旗开得胜!打好初中阶段最后一个漂亮仗,为九中这幅壮丽的画卷再添一抹华彩!

全体教师

2005 年 6 月 22 日

春天,把梦铺在你脚下

——2017年初四表彰动员大会上的发言

尊敬的各位领导、老师,亲爱的同学们:

大家好!

春山苍苍,春水漾漾,在这充满生机、充满希望的三月天,我们初四全体师生齐聚一堂,为即将步入中考考场的学生举行隆重的誓师表彰大会。借此机会,我愿意代表初四全体班主任,向对初四寄予厚望并悉心指导的校领导,向一直以来给予班主任工作密切配合、大力支持的各任课老师,致以最崇高的谢意!谢谢你们!

寒来暑往,花开花落,不经意间时光已经悄悄地划过了一千三百多个日子。望着你们那熟悉可爱的笑脸,此时此刻,我们真的是百感交集、思绪万千。作为你们的班主任,我们无比荣幸地在你们这段可塑性最强的时光里出现并给予陪伴，无比荣幸地承接了你们生命中意义非凡而又无比宝贵的四年！四年来，我们见证了你们的成长、成熟，见证了你们的喜怒哀乐，见证了你们的所学所长。师者，传道授业解惑，相较于书本上的传道授业，我们更希望给你们对于世界认知的答疑解惑，真希望我们的指导与陪伴，能带给你们一生受用的处事道理，能带给你们最为正向的思维能量与人格培养。四年的时光，我们有过师生共同创造的喜悦惊奇，也有过彼此间的间隙误会，但无论经历过多少磨擦磨合，你们都要相信，老师们的初衷一定是希望你们更好。我们愿意为你们明天的扬帆远航推波助澜，我们愿意为你们明天的勇敢飞翔插上翅膀！春天里，我们愿意把梦铺在你们脚下，希望在我们共同的努力下，使你们圆满地完成学业，每个人都能够达到或超过自己内心的预期。即使过程荆棘丛生，偶有坎坷，我们都可以微笑地给困难以回击、以挑战！

同学们，你们在座的每个人都充满无穷的潜力，永远不要说"我不行"，不到最后一刻决不轻言放弃，即使再难也要鼓励自己再试试，更何况你的身边有老师、家长、同窗的陪伴、鼓励和信任，你前行的路上会更加充满信心、充满力量。四年，也许不能挖掘出你们的潜力之一二，但我们希望这四年的时间能让你们记住，你们要用余生去建设自己、培养自己、完善自己，唯有如此，你们才能变得更强大、更自信、更智慧、更优秀，这些足以支撑你们站在一个更高、更大的平台，去探索世界、感悟人生。同学们，路漫漫其修远兮，吾将上下而求索。生命是一场修行，是一个循序渐进去欣赏其美好、承受其苦难的过程，中考是一个阶段的终点，也是另一个阶段的起点，可以说，学习是你们现阶段用于武装自己的最有力的武器。老师不希望，有一天，当你想改变自己的生活却发现力不从心时，悔恨学生时期没有竭尽全力武装自己。

　　同学们，外面的世界很美好，世界这么大，你们当然要去看看。那么，今天的准备就是你们迈向世界的第一步。愿你们能够在探求世界的路上收获多多！

　　此时此刻，我仿佛已经看到十年以后、二十年以后的你们，意气风发拥抱幸福的样子，在此祝福你们！

　　亲爱的同学们，春色正好，春光正旺，别辜负青春好时光！寒窗数载，厚积薄发，预祝你们中考取得优异的成绩！谢谢！